Zürich

Johannes Eue · Sabine Scholz

Diese Symbole im Buch verweisen auf den großen Cityplan!

DUMONT
direkt

Grüezi mitenand!

15 x Zürich direkt erleben

Zu Gast in Zürich

Grüezi mitenand!
Unser heimliches Wahrzeichen

Vom Saumarkt zum Zentrum der Schweizer Hochfinanz –
welch eine Karriere hat der Paradeplatz hinter sich … Wo
einst Vieh gehandelt wurde, dann das Militär aufmarschierte,
ließen sich Ende des 19. Jh. die inzwischen prägenden Großbanken nieder, die über die Zeit einen erheblichen Beitrag
zum Wohlstand der Schweiz geleistet haben. Und so steht
der Platz auch für den Wandel und den Aufstieg Zürichs, bis
hin zu den internationalen Abhängigkeiten.

Überblick

Zürich schmiegt sich zu beiden Seiten an die Ufer des unteren Zürichsees und weiter entlang der hier entströmenden Limmat, die sich hinter dem Hauptbahnhof mit der Sihl vereinigt, um westlich in das Limmattal zu fließen. Eingerahmt wird die Stadt von ihren grünen Lungen: im Westen vom Uetliberg, dem 871 m hohen Hausberg der Stadt, dem Hönggerberg (541 m) und Käferberg (571 m) im Norden sowie dem Adlisberg (701 m) und Zürichberg (676 m) im Osten. Nur im Süden öffnet sich die Landschaft zum See hin. Einen ersten Überblick über die Stadt bietet der Turm des **Grossmünsters,** den besten und weitesten hat man jedoch vom **Uetliberg.** Bei ›Kaiserwetter‹ reicht die Sicht hier bis zu den Alpen.

Den Rang der Bundeshauptstadt hat Bern inne, Zürich ist jedoch die größte Stadt der Schweiz und Hauptstadt des gleichnamigen Kantons. Bis zum Ende des 19. Jh. beschränkte sich das Stadtgebiet auf die heutige Altstadt. Mit der 1893 erfolgten Eingemeindung von elf Vororten vervielfachte sich nicht nur die Fläche, sondern auch die Bevölkerungszahl. Zürich wurde zu einer Großstadt mit über 100 000 Einwohnern. Weitere Eingemeindungen folgten 1934. Heute ist die Stadt in zwölf Kreise eingeteilt, die bis zu vier Quartiere umfassen, insgesamt 34 an der Zahl.

Die Altstadt – Kreis 1 ▶ D/E 7/8

Die Altstadt bildet das Herz Zürichs und wird durch die Limmat in eine rechte und linke Hälfte geteilt. Hier liegen nicht nur die Anfänge der Besiedelung in keltischer Zeit, sondern auch die meisten Hauptsehenswürdigkeiten wie Kirchen, Zunfthäuser oder Museen, die wichtigsten Einkaufsstraßen sowie das Hochschul- und Wirtschaftszentrum der Stadt. Der mittelalterliche Kern mit seinen malerischen Gassen wird von einem ab der Mitte des 19. Jh. entstandenen Gürtel umschlossen, der auf seiner westlichen Seite von der eleganten Bahnhofstrasse, dem Bahnhof und Landesmuseum sowie den großbürgerlichen Blockbebauungen des 19. Jh. gebildet wird, auf der östlichen von Kunsthaus, Schauspielhaus und Hochschulquartier mit Uni und ETH. Von der im 19. Jh. abgebrochenen mittelalterlichen Stadtmauer hat sich nichts erhalten. Nur ihr Verlauf entlang des Hirschengrabens sowie des einstigen Fröschegrabens, den heute die Bahnhofstrasse bedeckt, ist bekannt. Auch von dem sternförmigen Bollwerk des 17. Jh. zeugen heute nur noch das Bauschänzli und der Verlauf des Schanzengrabens. Die linksseitige Altstadt gilt als der vornehmere Teil. In ihren kleinen Gassen, am **Paradeplatz** und in der **Bahnhofstrasse** haben sich viele Luxusboutiquen angesiedelt, hier liegen die Büros von Großbanken und renommierten Kanzleien, Luxushotels, edle Restaurants und gehobene Warenhäuser. Am Tag herrscht hier geschäftige Großstadtatmosphäre, abends ist es eher ruhig. Die rechtsseitige Altstadt mit **Ober-** und **Niederdorf** wirkt hingegen verträumter und ist geprägt von Handwerksbetrieben, individuellen Läden, Galerien und vielen gemütlichen Restaurants. Neben dem Kunsthaus sind hier diverse Theater- und Kleinkunstbühnen lokalisiert und das untere

Ende der Niederdorfstrasse wandelt sich am Abend in ein Amüsierviertel. Entsprechend ist hier bis spät in die Nacht etwas los.

Herrschaftliche Anwesen – Kreis 2 ▶ B–D 8–12

Am westlichen Zürichseeufer haben sich in **Enge** im 19. Jh. viele Industrielle prachtvolle Villen mit herrlichen Parkanlagen errichten lassen. Ein großartiges Beispiel dafür ist der Rieterpark mit der Villa Wesendonck, die heute das Museum Rietberg beheimatet. Gleich unterhalb schließt sich mit dem Belvoirpark der einstige Landsitz des Politikers Alfred Escher an. Mit Arboretum, Muraltengut, Strandbad Mythenquai und Landiwiese liegen entlang des Seeufers Richtung Wollishofen und Leimbach – zwei eher ruhigen Wohngebieten – weitere Grünflächen, die der Erholung dienen.

Aussersihl und Industriequartier ▶ A–D 4–7

In den **Kreisen 4** und **5,** die ehemals beide zur Gemeinde Aussersihl gehörten und 1893 geteilt wurden, finden zurzeit am meisten Umbrüche statt. Das einstige Arbeiterwohnquartier mit seiner Multikultibevölkerung und noch immer recht günstigem Wohnraum gehört zu den aufstrebenden Quartieren, die Kreative und die junge Szene anziehen. Hier und in den alten Fabriken von **Zürich-West,** wo die zeitgenössische Architektur boomt, haben sich neben exotischen Geschäften und Billigläden Kultureinrichtungen wie das Schiffbau Theater, die Kunsthalle oder das migros museum sowie moderne Galerien und vielfältige Designerläden angesiedelt. Neben Beizen und Imbissbuden findet man trendige Restaurants, angesagte Clubs und Diskotheken. Aber auch die Langstrasse, die beide Kreise verbindet und als Zürichs Sündenmeile von Etablissements des Sexgewerbes umgeben ist und mit der Drogenszene zu kämpfen hat, gehört zum vielschichtigen Bild. Nachtschwärmer jeder Couleur kommen hier auf ihre Kosten.

Noble Villenviertel ▶ D–H 3–10

In den bis dahin von Rebhängen und eher dörflichem Charakter mit Bauern und kleinen Handwerksbetrieben geprägten **Kreisen 6** und **7** unterhalb des Zürich- und Adlisbergs mit ihren ausgedehnten Wäldern entwickelten sich während des 19. Jh. noble Villenviertel, die heute zu den begehrtesten und teuersten Wohnlagen Zürichs gehören. Mit dem Bau von ETH und Uni siedelten sich vor allem in **Hottingen** deutsche Professoren an und der Architekt der Universität, Karl Moser, erbaute 1920 parallel mit der Grossen Kirche in Fluntern einen ganzen Ring kleiner Villen um diese herum. Nicht zuletzt deshalb ruhen auf dem Friedhof **Fluntern** zahlreiche Persönlichkeiten aus Kultur und Wissenschaft. Gleich daneben liegt der fantastische **Zoo.**

Seefeld
▶ E–H 9–12

Hinter der Oper entlang des rechten Seeufers bis zur Mühle Tiefenbrunnen entstand im 19. Jh. ein Viertel, das heute als **Kreis 8 (Riesbach)** zu den beliebtesten Wohngebieten zählt. Entlang der Seefeldstrasse findet man ein vielfältiges Angebot an kleinen Geschäften, Modeboutiquen, Cafés und Restaurants, die dem Kreis einen jungen, trendigen und unkomplizierten Charme verleihen. Entsprechend begehrt sind hier Wohnungen und die Mieten schießen in die Höhe. Besondere Attraktivität erhält das Viertel durch die Promenade am See mit ihren Bädern, die in den Sommermonaten zu *der* Flaniermeile Zürichs avanciert.

Hervorragende Lebensqualität

Seit Jahren rangiert Zürich gemäß der von der Unternehmensberatung Mercer erstellten Rangliste unter den Städten mit der weltweit höchsten Lebensqualität ganz weit oben, zwischen 2002 und 2008 lag es sogar an deren Spitze. Die Gründe dafür sind vielfältig und liegen unter anderem in der politischen Stabilität und wirtschaftlichen Stärke der Region, der ausgezeichneten Gesundheitsversorgung und Infrastruktur, der hervorragenden schulischen wie universitären Ausbildung, der hohen Sauberkeit, der geringen Kriminalitätsrate, aber auch im großen kulturellen und gastronomischen Angebot sowie der Nähe zur Natur. Dieser mehr an Zahlen und Fakten gemessenen Lebensqualität steht eine gefühlte Größe gegenüber. Dazu gehört vor allem die schöne Lage am von grünen Hügeln umgebenen Zürichsee und an der Limmat, die der Stadt viel Charme verleiht. Die vielen kleinen Boote auf dem See, in dessen Hintergrund sich die schneebedeckten Glarner Alpen erheben, und die Cafés und Bistros an den Ufern der Limmat, die an sonnigen Tagen auch unter der Woche gut besucht sind, vermitteln ein Gefühl von Wochenende und Urlaub. In der gesamten Innenstadt bieten beschauliche Parkanlagen Erholung und die Altstadt reizt mit idyllischen Gassen und Plätzen zum Flanieren. Auch als Shoppingparadies genießt Zürich einen exzellenten Ruf. Neben Edelboutiquen gibt es viele individuelle Läden, die zum ausgiebigen Stöbern locken und sich wohltuend vom Mainstream abheben. Das gastronomische Angebot verwöhnt auf höchstem Niveau mit Gaumenfreuden aus aller Welt, nicht selten in einem außergewöhnlichen Ambiente. Und nicht zuletzt besticht die Stadt durch ihr hohes und vielschichtiges Kultur- und Freizeitangebot. Dies alles trägt dazu bei, Zürich zu einem Eldorado für Genussmenschen zu machen.

Hohe Lebenshaltungskosten

Doch Zürichs hohe Lebensqualität hat auch ihre Kehrseite. Das Leben hier ist teuer, das merken auch Touristen. Ein Besuch im Restaurant, die Hotelübernachtung, Taxifahrten, Parkhäuser und der Ausgang am Abend strapazieren die Reisekasse bisweilen kräftig. Und auch der Einkaufsbummel schlägt zu Buche, denn nicht selten sind die Preise ein Fünftel bis Drittel höher als zu Hause, je nachdem, wo Sie wohnen. Dabei sollte jedoch nicht vergessen werden, dass Schweizer Gehälter zumeist höher sind als im übrigen Europa und dass auch nach Abzug der Steuer vom Gehalt mehr im Portemonnaie bleibt, sodass sich der Preisunterschied bei Lebensmitteln oder anderen Produkten des täglichen Bedarfs wieder ausgleicht.

Anders sieht es im Immobiliensektor aus. In beliebten Wohnlagen wie dem Zürichberg oder Seefeld sind die Mieten hoch und liegen schnell bei einigen Tausend Franken für eine 3–4-Zimmerwohnung. Nach oben hin sind keine Grenzen gesetzt, insbesondere für eine Wohnung mit Seeblick. Häuser sind für viele gar unerschwinglich, weshalb die Schweizer eher ein Volk von Mietern sind. Gerade mal ein Drittel lebt in Eigenheimen. Zudem ist Wohnraum knapp. Laut Statistik sind lediglich 2 % frei, obwohl im Moment weniger

Menschen in Zürich leben als 1962, dem Jahr mit der größten Bevölkerungszahl. Viel städtische Fläche zur Bebauung ist auch nicht mehr vorhanden, das Zauberwort lautet also Verdichtung. Und dieser fällt schon mal das eine oder andere alte Haus zum Opfer.

Goldküste versus ›Pfnüselküste‹

Während das Ostufer des Zürichsees auch unter dem Namen Goldküste bekannt ist, wird das gegenüberliegende Ufer scherzhaft ›Pfnüselküste‹, Schnupfenküste, genannt. Zimmerberg und Albis sorgen hier schon früh am Tag für Schatten in den Gemeinden, weshalb es dort angeblich mehr Erkältungen gäbe. Dazu kommt die vermehrte Ansiedlung von Gewerbe und Industrie auf dieser Seite.

Der Name Goldküste rührt aber nicht nur von den vermehrten Sonnenstunden her, sondern auch davon, dass hier viele Gemeinden mit tiefen Steuersätzen liegen, die viele Reiche anlocken.

Steueroase im Fadenkreuz

Die Schweiz gehört nicht nur zu den weltweit größten Finanzzentren mit attraktiven Anlagemöglichkeiten, für viele zählt sie noch immer zu den Steuerparadiesen par excellence. So leben denn auch über 5 000 Superreiche in der Schweiz bzw. sind hier steuerpflichtig.

Die Steuerhoheit liegt bei den Kantonen, die die Höhe der Steuern festlegen. Darauf gestützt erheben auch die Gemeinden direkte Steuern. Ein dadurch ausgelöster Wettbewerb um möglichst tiefe Steuern setzt die Kantone gegenseitig unter Druck. Die Bundessteuer ist niedriger, da der Bund sich über indirekte Steuern finanziert (Mehrwert-, Benzinsteuer, Zoll etc.). Mittels eines Finanzausgleichs von Bund und Kantonen werden finanzschwache Kantone mit Geldmitteln gefördert.

Doch seit der Bankenkrise und dem Streit um unversteuerte ausländische Vermögen gärt es im Alpenstaat. Die Rufe nach größerer Steuergerechtigkeit und der Aufhebung des Bankgeheimnisses verklingen nicht. Vor zwei Jahren wurde daher die Pauschalbesteuerung Reicher im Kanton Zürich abgeschafft. Trotz der Angst vor dem Wegzug von Begüterten und Firmen in steuergünstigere Kantone blieb der große Exodus aus. Infolge des Steuerstreits mit dem

In der barfussbar lässt man bei einem Sundowner den Alltag schnell hinter sich

Symbol für Fortschritt und Wandel im 19. Jh. – der Hauptbahnhof, der größte der Schweiz

Ausland zogen viele Anleger ihre Gelder aus Angst kurzfristig ab, doch schon heute beläuft sich das in der Schweiz angelegte Vermögen wieder auf 1,96 Billionen Franken, rund 27 % der weltweit im Ausland angelegten Gelder. Tendenz steigend, obwohl sich die Schweiz verpflichtet hat, nur noch versteuerte Gelder zu verwalten. Dies liegt nicht nur am Bankgeheimnis, sondern auch an der Vorstellung von der Schweiz als stabiles, von politischen Turbulenzen verschontes Land, wo Vermögen ›in Sicherheit‹ sind.

Der Franken rollt

Zürich ist als Wirtschaftszentrum der Schweiz ein Magnet für viele internationale Konzerne. So hat IBM seine Schweizer, Google gar seine Europa-Zentrale in Zürich.

Der wichtigste Arbeitgeber ist jedoch zweifellos der Finanzsektor mit den Großbanken wie UBS oder Credit Suisse sowie zahlreichen Privatbanken. Viele von ihnen haben ihren Sitz rund um den Paradeplatz und an der Bahnhofstrasse. Daneben gehören die Börse (Swiss Exchange), das Versicherungswesen, Rechts- und Unternehmensberatungen, Informatik und Immobilienverwaltungen zu den tragenden Säulen der Wirtschaft. Zu den ansässigen Industriebetrieben zählen ABB, Siemens sowie der größte Detailhandelskonzern, die Migros. Knapp 90 % der Bevölkerung arbeiten daher auch im Dienstleistungssektor, die übrigen 10 % in der Industrie und Landwirtschaft (weniger als 1 %). Die Arbeitslosigkeit liegt seit Jahren um die 3 %. Für viele Nachbarländer eine Traumquote.

Forschungsstandort

Mit Universität und ETH haben zwei weltweit renommierte Forschungseinrichtungen ihren Sitz in Zürich und machen die Stadt zum bedeutendsten Hochschulstandort der Schweiz. Nicht weniger als 29 Nobelpreisträger lehrten hier oder gingen aus ihnen hervor, darunter Wilhelm Konrad Röntgen und Albert Einstein. Ihre Hauptgebäude thronen wie mächtige Bastionen des Wissens oberhalb der Altstadt, daneben sind zahlreiche Institute über die ganze Stadt verteilt. Insgesamt 43 000 Studenten stehen rund 900 Professoren gegenüber, beste Voraussetzungen also für Lehre und Forschung. Das lockt auch viele Studierende aus dem Ausland, die zumeist gut Chancen auf einen Studienplatz haben, da in Zürich pro Jahrgang nur 20 % der Schüler zur Matur zugelassen sind. Trotzdem ist Zürich keine typische Unistadt: Studentenviertel haben sich nicht gebildet, denn wegen der hohen Mietpreise auch für WGs wohnen viele Studenten noch zu Hause und das ist oft genug im Umland.

Vorbildlich: der öffentliche Verkehr

Nicht nur die Wege sind oft kurz in Zürich, sodass man viel zu Fuß erledigen kann, auch die öffentlichen Verkehrsmittel sind vorbildlich ausgebaut. Die Takte der Busse und Bahnen sind eng und zu Stoßzeiten auf stark benutzten Strecken noch einmal verkürzt. Verspätungen sind selten und die Tickets erlauben ein problemloses Wechseln zwischen allen Verkehrsmitteln, sogar Regional- und IC-Zügen innerhalb der gelösten Zonen. Das Auto könnte also getrost zu Hause stehen bleiben. Trotzdem wälzen sich zu den Hauptverkehrszeiten Blechlawinen durch die Stadt und bringen den Verkehr regelmäßig zum Erliegen.

Brunnenmetropole

Aus rund 1200 Brunnen sprudelt Trinkwasser. Damit gehört Zürich zu den brunnenreichsten Städten der Welt. Die Qualität der Mischung (70 % See-, je 15 % Grund- und Quellwasser) ist sehr gut und steht Mineralwässern nur wenig nach. Aus 400 Brunnen fließt sogar

reines Quellwasser, das in Notzeiten eine unabhängige Wasserversorgung sichert. Aber nicht nur dann: An heißen Sommertagen nutzen viele Zürcher die kostenlose Erfrischung und sind mit Nachfüllflaschen unterwegs.

Pack die Badehose ein …

Das Geschwisterpaar Zürich und Wasser ist untrennbar miteinander verbunden und trägt viel zur Atmosphäre der Stadt bei. Vor allem im Sommer verfügt der See über eine enorme Anziehungskraft. Auf der Seepromenade tummeln sich nicht nur sonntags Scharen von Menschen, es heißt auch, dass nach der Mittagspause in vielen Zürcher Büros Badekleider aus dem Trocknen hingen. Tatsache ist jedenfalls, dass Zürich über die höchste Bäderdichte weltweit verfügt: von rund 40 Badeanstalten locken allein 18 See-, Fluss- und Freibäder im Sommer ins kühle Nass, zum Teil mitten im Zentrum. Einige verwandeln sich am Abend in angesagte Bars. Ein perfekteres Sommerfeeling kann es kaum geben.

Züritüütsch

Wenn Sie sich bei Einheimischen beliebt machen wollen, dann sollten Sie ihnen auf keinen Fall sagen, dass Sie ihre Sprache *herzig* finden, um ihrer Begeisterung Ausdruck zu verleihen. Die meisten Schweizer sind in dieser Hinsicht gar nicht *lässig* und fühlen sich herabgesetzt.

Das Züritüütsch, einer von zahlreichen Schweizer Dialekten, kommt aus dem Alemannischen und wird überall gesprochen: zu Hause, im Büro, beim Einkaufen. Es ist die Sprache, in der sich die Zürcher wohlfühlen, auch wenn sie Ausländern gegenüber aus Höflichkeit meist ins Schriftdeutsche umschwenken. Obwohl es eine gesprochene Sprache ist, wird sie gerne mal für kleine Mitteilungen wie SMS oder Leserbriefe genutzt. Dann herrscht jedoch hinsichtlich der Orthografie große Freiheit, auch wenn der Germanist Eugen Dieth 1938 mit dem Buch »Schwyzertütschi Dialäktschrift« eine unverbindliche Regelung verfasst hat.

Der große Kanton

Sie bilden die größte Gruppe an Ausländern, gelten gerne als arrogant, besserwisserisch und nicht immer höflich im Umgang: die Deutschen. Für viele von ihnen ist die Schweiz als Lebens- und Arbeitsort ein Traumziel, nicht nur der besseren Löhne und Arbeitsbedingungen wegen. Und so ist die Zuwanderung von Arbeitskräften aus dem großen Kanton seit Jahren ein Dauerthema in der Politik, das zu Wahlkampfzeiten immer wieder neue Brisanz erhält. Regelmäßig kann man dann lesen und hören, dass Deutsche den Schweizern die Arbeitsplätze und Wohnungen wegnehmen, die Mieten in die Höhe treiben, das Sozialsystem aushöhlen und die Mundart gefährden. Andererseits laufen die Wirtschaftsverbände und das Gewerbe Sturm gegen Vorschläge wie die Aufhebung der Personenfreizügigkeit oder eine Zuwanderungsbeschränkung. Bei ihnen wie auch im IT- und Finanzsektor werden gut ausgebildete Fachkräfte für die anspruchsvollen Stellen gesucht. Die Universität kann ihren Bedarf an wissenschaftlichem Personal kaum aus den eigenen Reihen decken und das Gesundheitswesen würde ohne ausländische Ärzte und Pfleger kol-

Daten und Fakten

Lage: 47° 22' 44,48" N und 8° 32' 27,61" E
Fläche: 91,9 km² (inkl. Gewässer); davon sind 21,8 km² von Wald bedeckt
Höchster Punkt: Uetliberg Kulm (871 m ü. M.)
Tiefster Punkt: Limmatufer (392 m ü. M.)
Stadt und Verwaltung: Die politischen Amtsträger werden in direkten Wahlen von den stimmberechtigten Zürchern gewählt. Der Stadtrat besteht aus neun vollamtlich tätigen Stadträten, die je ein Departement leiten und vom Volk für vier Jahre gewählt werden. Ein Mitglied steht dem Rat als Stadtpräsident für jeweils ein Jahr vor. Zusammen stellen sie die städtische Exekutive, die Regierung, dar und sorgen für die Umsetzung der durch den Gemeinderat beschlossenen Gesetze. Dieser bildet die Legislative und setzt sich aus 125 nicht vollamtlich tätigen Gemeinderäten zusammen, die ebenfalls für vier Jahre gewählt werden. Er tagt wöchentlich in öffentlichen Sitzungen im Rathaus. Jeder Stimmbürger ist berechtigt, sich in den Gemeinderat wählen zu lassen. Zürich ist Hauptstadt des gleichnamigen Kantons. Kantonales Parlament, Regierung und Verwaltung haben daher ebenfalls ihren Sitz in Zürich. Der Kantonsrat als Legislative tagt im Rathaus.
Bevölkerung: Zürich ist die größte Stadt der Schweiz. Rund 385 400 Personen leben hier, Tendenz steigend. Mit der Agglomeration zusammengenommen, kommt die Stadt sogar auf eine Bevölkerung von über 1,1 Mio. Der Ausländeranteil an der Gesamtbevölkerung beträgt dabei rund 30 %. Insgesamt leben hier Menschen aus 166 Nationen, der größte Anteil entfällt dabei auf die Deutschen (7,8 %), gefolgt von Italienern (3,4 %) und Einwanderern aus dem einstigen Jugoslawien.
Währung: Schweizer Franken, CHF

labieren. Nicht, weil Schweizer schlechter ausgebildet wären, sondern weil es zu wenig eigenen Nachwuchs gibt. Seit Jahren ist die Abiturientenzahl stabil, aber für immer mehr Berufe wird die Matur verlangt. Dazu kommen häufig hohe Zugangsvoraussetzungen für Fächer wie Medizin und Hochschulabsolventen locken oft lukrative Angebote aus der Wirtschaft, sodass viele nicht in ihrem eigentlichen Beruf tätig werden. Diese Situation verunsichert viele Schweizer und populistische Parteien nutzen sie, um die Ängste der Bevölkerung vor Überfremdung zu schüren. Das Wort Heimat erhält neue Bedeutung. Aber längst nicht alle Schweizer bringen den Deutschen Antipathie entgegen, etliche halten sie sogar für eine Bereicherung und Wirtschaftsvertreter führen sogar die Schaffung neuer Arbeitsplätze, von denen auch Schweizer profitieren, auf die Einwanderung zurück. Dessen ungeachtet fühlen sich die meisten Deutschen wohl hier und von einer ›Bedrohung‹, wie sie noch vor einiger Zeit durch die Medien geisterte, ist nichts zu spüren.

Weinbauregion Zürich

Wie fast überall, wo einmal die Römer waren, gibt es auch in Zürich Weinanbau. Heute gilt der Kanton mit über 600 h Anbaufläche noch immer als die größte Weinbauregion der Deutschschweiz, obwohl die bebaute Fläche sich seit 1880 um fast 90 % verringert hat. Die Anbaugebiete liegen entlang des Zürichsees, im Limmattal, im Zürcher Unterland und um Winterthur. Kleine Wingerte in der Stadt finden sich noch in Enge oder am Sonnenberg. Mit insgesamt 40 Sorten ist die Vielfalt sehr hoch, Spitzenreiter sind jedoch der Blauburgunder (360 ha) und Riesling x Silvaner (150 ha). See, Föhn und eine optimale Hanglage begünstigen den

Stadtwappen Zürich

Anbau und die Vielfalt der Böden sorgt für ein abwechslungsreiches Terroir.

Die Eidgenössische Forschungsanstalt für Obst-, Wein- und Gartenbau liegt in Wädenswil und an der dortigen Hochschule werden Winzer, Önologen und Kellermeister ausgebildet. Das Weinbaumuseum in Au informiert zudem über die Geschichte des regionalen Weinbaus.

Stadtwappen

Es ist schlicht, einprägsam und ziert öffentliche Gebäude, Amtsschreiben und die Nummernschilder der Autos: Zürichs Wappen, ein schrägrechts in Weiß und Blau geteilter Schild. Auf einem Siegel des Kaiserlichen Hofgerichts von 1384 erstmals verbürgt, finden sich von da an vermehrt Nachweise in Schilden, Gemälden und Glasscheiben, 1437 erstmals auch in Farbe.

Stadt und Kanton Zürich führen dasselbe Wappen, das in seiner Vollversion seitlich von Löwen, den Zürileuen, gehalten wird. Einer trägt ein Schwert, Symbol der Stärke, Gerechtigkeit und Staatsgewalt, der andere ein Palmwedel, Symbol des Friedens und des Sieges. Das Vollwappen der Stadt unterscheidet sich gegenüber dem des Kantons jedoch darin, dass es von einer Krone bekrönt wird. Bis ins 18. Jh. handelte es sich um die Reichskrone, seit 1946 um eine Mauerkrone.

Geschichte, Gegenwart, Zukunft

Kelten und Römer

Die Wurzeln der heutigen Stadt Zürich liegen in keltischer Zeit, als die erste Siedlung strategisch geschickt auf dem Lindenhof, einem Hügel nahe dem Abfluss der Limmat aus dem Zürichsee, angelegt wurde. Die Römer bauten an gleicher Stelle zunächst eine militärische Anlage, später eine Zollstation und gliederten den nun Turicum genannten Ort spätestens 15 v. Chr. ins Römische Reich ein. Die kleine Niederlassung blühte weiter auf, wurde zu einem wichtigen Warenumschlagplatz und im 4. Jh. mit einem Kastell befestigt.

Adlige, Äbtissinnen und Zünfte

Mit der Gründung des Fraumünsterklosters durch Ludwig den Deutschen wurde 853 der Grundstein für den Aufstieg Zürichs gelegt. Die Stadt wurde immer wieder von Kaisern und Königen besucht, erhielt weitreichende Zollprivilegien, Markt- und Münzrechte. 1218 starb das Geschlecht der Zähringer aus, die als Reichsvögte die Macht in Zürich inne hatten. Friedrich II. verlieh der Stadt die Reichsunmittelbarkeit und setzte die Äbtissin des Fraumünsterklosters als Reichsfürstin ein. Für mehr als ein Jahrhundert bestimmte sie nun im Widerspiel mit dem seit 1220 nachgewiesenen Rat, der sich aus Adligen und reichen Kaufleuten zusammensetzte, die Geschicke der Stadt.

Mit einem Paukenschlag verschob sich 1336 das Machtgefüge. Die seit dem 11. Jh. entstandenen Handwerkszünfte vertrieben mit Hilfe des Ritters Rudolf Brun den alten Rat und erreichten im Ersten Geschworenenbrief eine Beteiligung an der Macht. Der Rat setzte sich fortan aus 13 Vertretern der »Gesellschaft der Constaffel« (Adlige und reiche Kaufleute) und je einem Vertreter der 13 Zünfte zusammen und wählte den Bürgermeister, dessen Amt nach dem Tode des auf Lebenszeit eingesetzten Brun 1360 nicht mehr nur Adligen vorbehalten war. Das Rathaus und die prächtigen Zunfthäuser bildeten jahrhundertelang die Zentren der Macht.

Die Reformation

1519 begann Huldrych Zwingli seine Tätigkeit als Leutpriester am Grossmünster, predigte die reine christliche Lehre, fegte mit Unterstützung des Rates in einem Bildersturm 1524 sämtliche Altäre aus den Kirchen und erreichte die Aufhebung aller Klöster. Es kam zu Religionskriegen mit den katholischen Gebieten, in denen Zwingli 1531 den Tod fand. Seine radikalen Ideen, die von Heinrich Bullinger weiter umgesetzt wurden, prägten das Leben in Zürich auf lange Zeit. Erst 1807 wurde wieder die Ausübung der katholischen Religion in Zürich gestattet.

Auf- und Umbruch im 19. Jh.

Im Zuge der Napoleonischen Kriege wurde Zürich 1798 Republik, 1803 entstand der Kanton Zürich. Anfang des 19. Jh. begann ein industrieller Aufschwung, Zürich expandierte und wurde zu einem wichtigen Wirtschafts- und – durch die Gründung von ETH und Universität – Bildungsstandort. Die Eröffnung der Spanisch-Brötli-Bahn 1847 und die Gründung der Schweizerischen Kreditanstalt 1856 trugen ihren Teil dazu bei, das ›System Escher‹ mit einer engen

Verflechtung von Politik und Wirtschaft bildete den ökonomischen Rahmen.

Entscheidend für den Weg Zürichs in die Moderne waren die Visionen des 1860 eingesetzten Stadtingenieurs Arnold Bürkli. Er verband die Stadt mit dem See, verhalf ihr dort mit großzügigen Landanschüttungen zu neuem Raum und forcierte gleichzeitig die Entwicklung des Industriequartiers im heutigen Zürich-West. Durch die Eingemeindung von elf Vororten 1893 hatte Zürich nun über 100 000 Einwohner. Den veränderten Lebensumständen in der Stadt trugen der Bau der Wasserversorgung und der öffentlichen Bäder in den 1860er- bis 1880er-Jahren Rechnung. Zugleich wandelte sich das Zentrum links der Limmat immer mehr vom Wohn- zum Geschäftsviertel.

Politisierung im 20. Jh.

Bereits seit Ende des 19. Jh. erfolgte eine immer stärkere Politisierung der Arbeiterschaft, die 1912 zum Generalstreik führt. Als im Ersten Weltkrieg die Nahrungsmittel knapp wurden, kam es zu Hungerstreiks der Bevölkerung und 1918 sogar zur Besetzung der Stadt durch die Armee. Hatte im Ersten Weltkrieg hier schon Lenin im Exil gelebt, fanden nach 1933 viele deutsche Intellektuelle eine Zuflucht in Zürich. Die Kunst- und Literaturszene erblühte. Nach Jahrzehnten des Niedergangs wurde die Altstadt in den 1960er-Jahren als Wohnquartier wiederbelebt. Die Unzufriedenheit der Jugend und ihre Forderung nach Selbstbestimmung entluden sich 1968 im Globus- und 1980 im Opernhauskrawall.

Zürichs Weg in die Zukunft

Zürich befindet sich im Wandel. Die Unternehmen und auch Teile der Hochschulen wandern an die Peripherie, moderne Architektur prägt nicht nur das einstige Industriequartier Zürich-West, sondern setzt auch an anderen Stellen Akzente. Gleichzeitig bleibt das Verkehrsproblem ungelöst, die Westumfahrung entlastet Zürich zwar vom Durchgangsverkehr, der Infarkt der Stadt ist aber nicht verhindert. Auch das vorbildliche öffentliche Nahverkehrssystem stößt an seine Grenzen. So bestimmt der Widerspruch zwischen dem Erhalt des Traditionellen und den visionären Radikallösungen wie schon so häufig in den letzten 150 Jahren die Diskussion.

Ein strenger, entschlossener Blick – Huldrych Zwingli prägte Zürich wie kaum ein anderer

Anreise

Mit dem Flugzeug

Zürich wird von allen großen deutschen Flughäfen und von Wien mehrmals täglich angeflogen, von den kleineren mehrmals pro Woche.

Flughafen Zürich – ZRH (► Karte 3): Ca. 10 km nördlich des Zentrums; Fluginfos Tel. 0900 30 03 13 (1,99 CHF/ Min.), www.flughafen-zuerich.ch.

Zugverbindungen zum Hbf.: Etwa alle 10–15 Min, Einzelfahrt 6,40/3,20 CHF, Tageskarte 12,80/6,40 CHF (3 Zonen), bei ZürichCARD inklusive.

Airport Taxi: Die Fahrt mit dem Taxi vom Flughafen ins Zentrum kostet ca. 60 CHF, Dauer ca. 20 Min., Reservierungen unter Tel. 0848 85 08 52.

Mit der Bahn

Von Hamburg (ICE, ca. 7.30 Std.), Köln bzw. Düsseldorf (EC, ca. 6 Std.) und Stuttgart (IC, ca. 3 Std.) bestehen mehrmals täglich **Direktverbindungen** nach Zürich, ansonsten fungiert Mannheim als Knotenpunkt in den ICE-Verbindungen. Aus dem Raum München und aus Österreich führen die Verbindungen über Bregenz und Winterthur (u. U. mit mehrmaligem Umsteigen). Von Amsterdam, Hamburg, Berlin und Dresden verkehren **CityNightLiner** mit Schlaf- und Liegewagen nach Zürich, die etwa um 8–9.30 Uhr in Zürich eintreffen.

Mit dem Auto

Die Anreise nach Zürich mit dem Auto erfolgt aus Nord- und Westdeutschland über die A 5 nach Basel und weiter über die A 3, aus Süd- und Ostdeutschland über die A 81 nach Singen und weiter über die A 4, aus dem Raum München und weiten Teilen Österreichs über die A 96 nach Lindau/Bregenz und weiter über die A 1 (Achtung: Transitvignette Bregenz notwendig). Für die Benutzung der schweizerischen Autobahnen ist die **Vignette** obligatorisch. Sie hat jeweils vom 1.12. des Vorjahres bis 31.1. des Folgejahres Gültigkeit und kostet 40 CHF. Sie kann an der Grenze, an grenznahen Raststätten und Tankstellen sowie vor Reiseantritt bei Postämtern und Automobilclubs erworben werden.

Verkehrsregeln: In Ortschaften darf max. 50 km/h, abweichend von Deutschland auf Landstraßen 80 km/h, auf Autostraßen 100 km/h, auf der Autobahn 120 km/h gefahren werden. Es gilt die allgemeine Gurtpflicht, für Motorradfahrer Helmpflicht. Telefonieren mit dem Handy während der Fahrt ist verboten (ausgenommen Geräte mit Freisprecheinrichtung). Die Alkoholgrenze liegt bei 0,5 Promille. Es ist höchst empfehlenswert, sich recht genau an die Verkehrsregeln zu halten, wenn die Reisekasse nicht massiv belastet werden soll. Auch für relativ geringfügige Verstöße fallen schon empfindliche Strafen an.

Tanken: Bleifreies Benzin, Super und Diesel sind in der Schweiz ca. 10–20 % billiger als in Deutschland (aktuelle Infos unter: www.benzinpreise.de).

Mitfahrzentralen

Alle großen deutschen Mitfahrzentralen bieten Mitfahrgelegenheiten von und nach Zürich an; Infos unter: www.mitfahrzentrale.de, www.mitfahrgelegenheit.de, www.mfz.de.

Einreisebestimmungen

Ausweispapiere: Zur Einreise in die Schweiz reicht für Deutsche ein gültiger Personalausweis oder ein Reisepass, der nicht länger als ein Jahr abgelaufen ist. Für Autofahrer empfiehlt sich die Mitnahme der grünen Versicherungskarte. Seit Ende 2008 gehört die Schweiz zum Schengen-Raum.

Ein- und Ausfuhr: Zollfrei dürfen Gegenstände für den persönlichen Gebrauch und Reiseproviant für einen Tag sowie insgesamt Waren im Wert von maximal 300 CHF eingeführt werden. Darunter fallen 1 kg Butter, 500 g Frischfleisch (ohne Geflügel), 3,5 kg Geflügelfleisch, Fleisch- und Wurstwaren, 2 l niedrigprozentige Alkoholika und 1 l Alkoholika über 15 % (Personen ab 17 Jahre), 200 Zigaretten oder 50 Zigarren oder 250 g Rauchtabak (Personen ab 17 Jahre). Die Mengenbeschränkungen für Tabak und Alkoholika gelten analog bei der Ausreise nach Deutschland (www. auswaertiges-amt.de).

Feiertage

1. Januar – Neujahrstag
2. Januar – Berchtoldstag (Geschäfte sind geöffnet)
Ostern – Karfreitag, Ostermontag
Mitte April – Sechseläuten (kein Feiertag, aber die Geschäfte sind ab 12 Uhr geschlossen)
1. Mai – Tag der Arbeit
Mitte/Ende Mai – Auffahrt (Christi Himmelfahrt)
Pfingstmontag
1. August – Nationalfeiertag
25. Dezember – Weihnachten
26. Dezember – Stephanstag
Achtung: Vor den Feiertagen sind die Geschäfte häufig nur bis 16 Uhr geöffnet!

Feste und Festivals

Sechseläuten: April, www.sechselaeuten.ch. Mit einem großen Umzug der Zünfte wird der Frühling begrüßt. Höhepunkt ist die Verbrennung des *Böögg* auf dem Sechseläutenplatz (s. S. 55).

Zürich Pride: Juni, www.zurichpridefestival.ch. 3-tägiges Festival der LGBT-Community mit Umzug und Party.

Zürcher Festspiele: Juni–Juli, www.zuercher-festspiele.ch. Theater, Oper, Konzerte – einige mit kostenlosem Public Viewing auf dem Münsterplatz.

Züri Fäscht: Juli, www.zuerifaescht.ch. Größtes Volksfest der Schweiz. Alle drei Jahre (das nächste Mal 2013) wird am Seeufer und in der Innenstadt gefeiert.

Caliente! Festival Tropical & Mercado Mundial: Juli, www.caliente.ch. Heiße Rhythmen von Live-Konzerten rund um den Helvetiaplatz verkünden das größte lateinamerikanische Kulturfestival im deutschsprachigen Raum.

Street Parade: Aug., www.streetparade.com. Die Love Parade ist tot, lang lebe die Street Parade! Gigantische Techno-Party in ganz Zürich, Umzug mit Love Mobiles und Club-Konzerten bis zum Morgengrauen.

Zürcher Theater Spektakel: Aug.–Sept., www.theaterspektakel.ch. Festival der freien Theater auf der Landiwiese.

Knabenschiessen: Sept., www.knabenschiessen.ch. Traditionelles Wettschießen der Knaben, das von einer großen *Chilbi* (Kirchweihfest) begleitet wird.

Zurich Film Festival: Sept.–Okt., www.zurichfilmfestival.org. Bühne für Nachwuchsregisseure und noch nicht entdeckte Künstler.

Geld

Der Wechselkurs des Schweizer Franken (1 CHF = 100 Rappen) hat sich nach

Turbulenzen im Zusammenhang mit der Währungskrise durch staatliche Eingriffe stabilisiert und liegt derzeit bei ca. 0,80–0,85 € (1 Euro = ca. 1,20 CHF). Die meisten Hotels und Restaurants sowie größere Geschäfte und Tankstellen akzeptieren die gängigen Kreditkarten, bei einigen ist auch die Bezahlung per EC-Direkt möglich. In der Regel ist für den ausländischen Kunden die Kreditkarte die günstigere der beiden Alternativen, per Plastikgeld zu bezahlen.

Das Preisniveau in Zürich ist sehr hoch, was sich insbesondere bei den Hotel- und Restaurantpreisen bemerkbar macht. Auch Lebensmittel (v. a. Fleisch- und Milchprodukte) sind in der Schweiz deutlich teurer als in Deutschland.

Gesundheit

Die Europäische Krankenversicherungskarte (EHIC) der gesetzlichen Krankenkassen hat auch in der Schweiz Gültigkeit. Trotzdem kommt es wohl immer noch vor, dass Ärzte den Schein nicht akzeptieren und der Versicherte zunächst selbst bezahlen muss. In diesem Fall werden die Kosten aber in der Regel von der Versicherung gegen Vorlage der Rechnung erstattet. Trotzdem ist der Abschluss einer privaten Auslandskrankenversicherung in jedem Fall ratsam.

Bei plötzlicher Erkrankung ist die **Permanence Hauptbahnhof** (tgl. 7–22 Uhr, Tel. 044 215 44 44) die beste Anlaufstelle, in der ständig mehrere Ärzte Dienst tun. Ausländer müssen ihre Rechnung direkt vor Ort bezahlen. Direkt nebenan befindet sich eine Apotheke (tgl. 7–24 Uhr). 365 Tage im Jahr rund um die Uhr hat die **Bellevue Apotheke** (Theaterstr. 14) geöffnet. Ansonsten sind Apotheken mit einem grünen Kreuz gekennzeichnet.

Informationsquellen

Zürich Tourismus
Im Hauptbahnhof, Tel. 044 215 40 00, www.zuerich.com, Mai–Okt. Mo–Sa 8–20.30, So 8.30–18.30, Nov.–April Mo–Sa 8.30–19, So 9–18 Uhr.

Magazine mit aktuellen Infos
Züritipp: Kostenlose Beilage des Tagesanzeigers (Do) mit umfassendem Veranstaltungskalender, ausführlicheren Besprechungen und Tipps fürs Ausgehen (www.zueritipp.ch).
Zürich kauft ein!/Zürich geht aus!: Jährlich erscheinende Magazine mit unabhängigen Besprechungen zu angesagten Shops und Traditionshäusern bzw. mit aktuellen Restaurantkritiken, die im Angebotsdschungel eine gute Orientierung bieten (je 24,50 CHF).
20 minuten: Mo–Fr erscheinende Gratiszeitung, die morgens an vielen Bus- und Tramhaltestellen ausliegt. Neben Politik, Wirtschaft und ›People‹ auch Tipps und Besprechungen zum aktuellen Kinoprogramm und Events sowie Wassertemperaturen der Zürcher Fluss- und Seebäder.

Internet
www.nzz.ch: Natürlich enthält die Website der wichtigsten Schweizer Zeitung auch eine ganze Menge Informationen über Zürich, die Prioritäten liegen allerdings woanders.
www.stadt-zuerich.ch: Insbesondere die Seiten des Tiefbau- und Entsorgungsdepartements enthalten viele interessante Informationen, z. B. über Parks und Freibäder.
www.stadtmodell-zuerich.ch: Die interaktive Version des Stadtmodells um 1800, das im Baugeschichtlichen Archiv zu besichtigen ist, bietet eine Vielzahl von Informationen zum historischen Zürich und zu einzelnen Bauwerken.

www.tagesanzeiger.ch: Die Website der lokalen Tageszeitung enthält die umfangreichsten tagesaktuellen Informationen zu allen Bereichen des Lebens in Zürich.

www.zuerich.ch: Die offizielle Website der Region verlinkt zu allen wichtigen Informationsplattformen zum touristischen, kulturellen, gastronomischen und Bildungsangebot. Sie wird gemeinsam von Kanton, Stadt und Zürich Tourismus getragen.

www.zuerich.com: Unerlässlich für jeden Zürich-Besucher ist die Website von Zürich Tourismus mit Buchungsmöglichkeiten für Hotels und zahlreichen Informationen rund um Zürich – eine echte Fundgrube.

Kinder

Natur und Tiere

Ein Besuch im **Zoo Zürich** (s. S. 81) muss einfach sein. Ebenso zum Pflichtprogramm gehört eine Rundfahrt auf dem **Zürichsee** (s. S. 24). Außerdem lohnt ein Ausflug auf den **Uetliberg** mit dem Planetenweg (s. S. 85) und zum **Naturzentrum Sihlwald** (s. S. 82).

Auch **Knies Kinderzoo** bietet eine unvergessliche Erlebniswelt. 400 Tiere können hautnah erlebt werden. Kamel- oder Elefantenreiten, Seelöwenshow und Abenteuerspielplatz sind nur einige von vielen Attraktionen (Oberseestr., Rapperswil, Tel. 055 220 67 67, www.knieskinderzoo.ch, S-Bahn 7: Bhf. Rapperswil, März–Okt. tgl. 9–18 Uhr, Eintritt 13/5 CHF).

Museen

Spannend für Kinder ist der Besuch im **Tram-Museum** (s. S. 77), im **NONAM** (s. S. 77) und im **Zoologischen Museum der Universität Zürich** (s. S.

50). Noch spannender gestaltet ist aber das **Naturmuseum Winterthur** (s. S. 71). Ein ganzer Regentag mit Spielen, Experimentieren und Staunen lässt sich ohne Weiteres im **Technorama** in Winterthur verbringen (s. S. 85).

Theater und Kino

Zürcher Märchenbühne: ■ **Karte 2, C 4,** Theater am Hechtplatz, Hechtplatz 7, Kreis 1, Tel. 044 261 12 65, www.maerchenbuehne.ch, Tram 2, 5, 8, 9: Bellevue. Seit über 50 Jahren spielt die Märchenbühne vorwiegend Adaptionen von klassischen Kinderbüchern.

Theater PurPur: ■ **C 9,** Grütlistr. 36, Kreis 2, Tel. 044 201 31 51, www.theater-purpur.ch, Tram 5, 6, 7: Bahnhof Enge. Das unabhängige Theater zeigt engagierte Produktionen für kleine und größere Menschen. Ungewöhnlich ist, dass hier auch Kinder für Kinder oder für Erwachsene Theater spielen.

Sport und Spaß

Den meisten Badespaß für Ihre Kinder versprechen das **Strandbad Mythenquai** mit seinem langen Sandstrand (s. S. 60) und das **Strandbad Tiefenbrunnen** mit der 62 m langen Rutsche (s. S. 21). Aber auch mit dem **Tretboot** lässt sich der Zürichsee vortrefflich gemeinsam erkunden.

Hallenbad Altstetten: außerhalb A 5, Dachslernstr. 35, Kreis 9, Tel. 044 431 77 44, www.badaltstetten.ch, Tram 2: Farbhof, Mo, Mi, Fr 6–21, Di, Do 8–21, Sa, So 8–18 Uhr, Eintritt 7/3,50 CHF. Die Alternative für schlechtes Wetter, mit langer Rutsche und großem Planschbecken.

Klima und Reisezeit

Ein Zürich-Besuch lohnt zu jeder Jahreszeit, zumal das Klima recht mild, da-

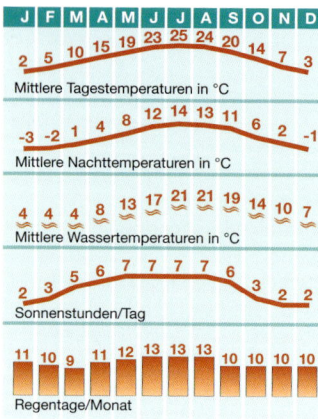

Klimadiagramm Zürich

für aber auch besonders im Sommer regenreich ist. Die klassischen Reisezeiten sind eher das Frühjahr und der Herbst, wenngleich die wichtigsten Events zwischen Mitte Juni und Ende September stattfinden. Allerdings kann es im Hochsommer, wie die vielen *Badis* im Zentrum andeuten, recht warm werden.

Öffnungszeiten

Geschäfte: Im Zentrum Mo–Fr 9–18.30/19, Sa 9–16 Uhr; **ShopVille** im Hauptbahnhof Mo–Fr 9–21, Sa–So 9–20 Uhr.
Banken: Mo–Fr 8.30/9–16.30, auf der Bahnhofstrasse teilweise auch 8–18 Uhr (Credit Suisse).
Post: Mo–Fr 7.30–16 Uhr; Sihlpost, Kasernenstr. 95/97 (Nähe Hbf.) Mo–Fr 6.30–22.30, Sa 6.30–20, So 10–22.30 Uhr.
Kirchen sind in der. Regel tagsüber geöffnet, bei **Museen** und anderen Sehenswürdigkeiten sind die Öffnungszeiten jeweils angegeben.

Rauchen

Im Kanton Zürich ist das Rauchen in öffentlichen Gebäuden – dazu zählen auch Restaurants – generell verboten. Umgangen werden kann das Gesetz durch die Einrichtung separater Raucherräume, sogenannter *Fumoirs*.

Reisen mit Handicap

Zwar sind nur wenige Zürcher Hotels behindertengerecht eingerichtet (Infos bei Zürich Tourismus), allerdings sind viele Tram- und Buslinien, alle Zürichsee-Schiffe sowie die meisten relevanten ZüriWCs rollstuhlgängig. Umfangreiche Informationen sind erhältlich bei **Mobility International Schweiz** (www.mis-ch.ch), zu den öffentlichen Verkehrsmitteln in der ZVV-Broschüre **Reisen ohne Hindernisse.** Nicht alltäglich ist, dass Zürich Tourismus Stadtführungen für Gehörlose und für Sehbehinderte anbietet (nur für Gruppen).

Sport und Aktivitäten

Boot fahren
Das ideale Freizeitvergnügen für einen heißen Sommertag ist es, ein *Pedalo* oder ein anderes Boot zu mieten, gemütlich über den See zu schippern, ab und zu hineinzuspringen und sich dann auf der Plattform des Boots zu sonnen. Beim Hafen Enge sowie am Uto- und Seefeldquai bieten mehrere **Bootsvermietungen** alles vom Pedalo bis zum 75-PS-Motorboot an (s. S. 57).

Joggen, Skaten, Radfahren
Die gepflegten Uferpromenaden zwischen Zürichhorn und Mythenquai sind prädestiniert zum **Joggen** oder **Skaten**, aber auch die Promenade am Schanzen-

graben ist dafür gut geeignet, ebenso der Limmatuferweg in Zürich-West.

Zur Erkundung der Stadt ist das **Fahrrad** praktisch (s. S. 23), wenn Sie gute Nerven haben und es gewohnt sind, sich im Stadtverkehr zu bewegen. Sie sollten sich allerdings der Tatsache bewusst sein, dass Zürichberg und Uetliberg bis auf wenige Hundert Meter an den See reichen. Rechts der Limmat geht es dabei schon ab Grossmünster oder Central deutlich bergauf.

Schwimmbäder

Eine Besonderheit Zürichs sind die *Badis*, deren Wurzeln in der Hygienebewegung Ende des 19. Jh. liegen. Die älteste dieser öffentlichen Badeanstalten ist das 1863 eröffnete Männerbad am Schanzengraben, 1887 folgte das Frauenbad am Stadthausquai. Beide sind nach wie vor dem jeweiligen Geschlecht vorbehalten. Einen besonderen Reiz haben aber auch die Fluss- und Seebäder, die das Ufer zwischen Zürichhorn und Landiwiese sowie entlang der Limmat säumen.

Männerbad Schanzengraben: ■ C 8, Badweg 10, Kreis 1, Tel. 044 211 95 94, Tram 2, 9: Sihlstrasse, Juni–Mitte Aug. tgl. außer Sa 11.30–19 Uhr, gratis.

Frauenbad Stadthausquai: ■ Karte 2, B 4, Stadthausquai, Kreis 1, Tel. 044 211 95 92, Tram 5, 9, 11: Bürkliplatz, Mitte Mai–Mitte Sept. tgl. 9–11 Uhr, dann je nach Wetter, Eintritt 7/3,50 CHF.

Flussbad Oberer Letten: ■ D 5, Lettensteg 10, Kreis 6, Tel. 044 362 92 00, Tram 4, 13: Limmatplatz, Mitte Mai–Mitte Sept. tgl. 9–11 Uhr, dann je nach Witterung, Eintritt frei. Der 400 m lange, 6 m tiefe Kanal in der Limmat ist wahrscheinlich das beliebteste Freibad Zürichs. Wegen der Strömung ist es aber nur für gute Schwimmer geeignet.

Freibad Unterer Letten: ■ C 5, s. S. 65.

Seebad Utoquai: ■ E 9, s. S. 56

Strandbad Tiefenbrunnen: ■ F 11, Bellerivestr. 200, Kreis 8, Tel. 044 422 32 00, Tram 2, 4: Wildbachstrasse, Mitte Mai–Mitte Sept. tgl. 9–11 Uhr, dann je nach Witterung, Eintritt 7/3,50 CHF. Mit 62-m-Rutsche!

Seebad Enge: ■ D 9, s. S. 60

Strandbad Mythenquai: ■ D 10/11 s. S. 60

Dolder Bad: ■ H 7, Adlisbergstr. 36, Kreis 7, Tel. 044 267 70 80, www.doldersports.com, Dolderbahn Bergstation, Mitte Mai–Anfang Sept. Mo–Fr 11–20, Sa, So 10–20, Juli, Aug. Do, Fr 11–22.30 Uhr, Eintritt 7/4 CHF. Das exklusive Freibad gehört zum Komplex des The Dolder Grand Hotel.

Wellness

Thermalbad & Spa Zürich: ■ B 9, Brandschenkestr. 150, Kreis 2, Tel. 044 205 96 50, www.thermalbad-zuerich.ch, S-Bahn 4: Giesshübel, Mo–Fr 9–22 Uhr, Eintritt 32/16 CHF. Seit 2010 hat Zürich auf dem ehemaligen Areal der Brauerei Hürlimann ein eigenes, ganz spezielles Spa. Unter hundertjährigen Steingewölben des ehemaligen Gärkellers können Sie den Alltag beim Baden in großen Holzbottichen (Reminiszenzen an die Fässer der Brauerei), im türkisen Wasser des Smaragd-Bades mit Unterwassermusik, im Dampfbad oder im Irisch-römischen Bad hinter sich lassen und vollkommen entspannen. Höhepunkt aber ist ein Bad unter freiem Himmel auf dem Dach mit fantastischem Ausblick auf Stadt und Alpen.

Telefon und Internet

Vorwahlen: Für die Schweiz 00 41, für Deutschland 00 49, für Österreich 00 43. Die schweizerischen Telefonnum-

Sicherheit und Notfälle

Obwohl Zürich ein relativ sicheres Pflaster ist, sollten Sie die Regeln beherzigen, die auch für andere Großstädte gelten. Im Gedränge und an belebten Plätzen (im Hauptbahnhof, abends im Niederdorf etc.) treiben Taschendiebe ihr Unwesen, sodass Sie auf Ihre Wertsachen achtgeben sollten. Eine Ausnahmestellung in der Zürcher Kriminalitätsstatistik nimmt die Langstrasse im Kreis 4 samt ihrer Seitenstraßen ein, die gleichzeitig Zentrum der Drogenszene wie auch des horizontalen Gewerbes ist – allerdings auch beliebtes Ausgehviertel.

Notruf: Polizei Tel. 117, Feuerwehr Tel. 118, Krankenwagen Tel. 144 (Achtung: Das wird richtig teuer! Also besser das Ärztetelefon anrufen, es sei denn es handelt sich um einen Herzinfarkt, Hirnschlag oder ähnlich Gravierendes).

Ärztetelefon: Tel. 044 269 69 69; ärztlicher Bereitschaftsdienst rund um die Uhr, Behandlung und ggf. Überweisung zum regulären Tarif.

TCS-Pannendienst: Tel. 140.

Bankkarten- und Handysperrung: Zentrale Service-Nummer Tel. 0049 11 61 16 (gilt für die meisten EC/Maestro-, Kredit- und SIM-Karten); weitere Nummern: MasterCard Tel. 0800 89 70 92, Visa Tel. 0800 89 47 32, T-Mobile Tel. 0049 18 03 30 22 02, Vodafone Tel. 0049 172 12 12.

Fundbüro der Stadt Zürich: Werdmühlestr. 10, Tel. 044 412 25 50, Tram 6, 7, 11, 13: Bahnhofstrasse/HB, Mo–Fr 07.30–18.30 Uhr.

mern sind generell zehnstellig, Ortsvorwahlen gibt es nicht mehr.

WLAN: Die Website www.swiss-hotspots.ch verzeichnet alle Hotspots in Zürich unter Angabe der Gebühren.

Unterwegs in Zürich

Tram und Busse

Zürich hat ein sehr dichtes Tram-Netz, das mit einem Dutzend Linien die gesamte Stadt gut abdeckt. Die Trams (hier heißt es *das* Tram, nicht wie in Deutschland *die* Tram) verkehren etwa von 5–0.30 Uhr, größtenteils im 7- bis 10-Minuten-Takt, in den Randzeiten und den Außenbezirken auch etwas seltener. Die Lücken in diesem Netz (darunter das westliche und das östliche Ufer des Zürichsees) werden von Bussen geschlossen, die meistens im 15- bis 30-Minuten Takt verkehren.

Infos: ZVV-Contact, Tel. 0848 98 89 88, www.zvv.ch (Netzpläne, Online-Fahrpläne, Ticketinfos etc.).

Tickets: Ticketautomaten stehen an allen Tram- und Bahnhaltestellen sowie an einigen Bushaltestellen. Nicht alle Automaten akzeptieren Banknoten (oft nur 20er-Noten) oder sogar Plastikgeld. Darüber hinaus gibt es die Tickets in den VBZ-Ticketerias. Alle Tickets (auch 24-Std.-Karten) müssen vor Fahrtantritt entwertet werden; Ausnahmen sind lediglich am Automaten gezogene Einzeltickets. Als Zürich-Reisender wird man sich fast ausschließlich in der Zone 10 bewegen, in der ein Einzelticket 4,10/2,90 CHF kostet. Ab der zweiten Fahrt ist aber die 24-Std.-Karte die billigere Alternative, die echte 24 Std. gültig ist (8,20/5,80 CHF für 1–2 Zonen). Normalerweise empfiehlt sich aber ohnehin gleich der Kauf der ZürichCARD (s. S. 24). Schwarzfahren ist teuer und kostet

100 CHF, zuzüglich des Preises für das reguläre Ticket.

Nachtbusse: An den Wochenenden (Fr/Sa, Sa/So) und vor Feiertagen verkehren Nachtbusse auf 49 Linien sowie die Nacht-S-Bahn auf neun Linien im Halbstundentakt ab Betriebsschluss. Für die Nachtbusse und Nacht-S-Bahnen wird, zusätzlich zum regulären Ticket, ein Nachtzuschlag (5 CHF) fällig.

Taxis

In Zürich gibt es Taxis zur Genüge, sodass man relativ schnell eines bekommt, wenn man es braucht. Da es keine Taxizentrale gibt, gibt es auch Taxirufnummern ohne Ende, z. B. Taxi 444, Tel. 044 444 44 44. Der Grundpreis für eine Fahrt beträgt laut städtischem Taxitarif 6 CHF, der Preis pro km 3,80 CHF; diese Preise dürfen auch unter- aber nicht überschritten werden.

Autovermietungen

Avis: Zürich Downtown, Gartenhofstr. 17, Kreis 4, Tel. 044 296 87 87. Als Partner von Zürich Tourismus gewährt Avis bei Buchung über www.zuerich.com Vergünstigungen.

Europcar: Josefstr. 53, Kreis 5, Tel. 0⌐ 271 56 56.

Sixt: Pfingstweidstr. 3, Kreis 5, Tel. 044 445 90 90.

Parken

Es gibt nur einen vernünftigen Rat zu diesem Thema: Lassen Sie Ihr Auto zu Hause, beim Hotel oder in der Garage. Der Verkehr in Zürich ist dicht, das öffentliche Nahverkehrsnetz hingegen hervorragend ausgebaut. Parkhäuser stehen in der Innenstadt zur Genüge zur Verfügung, die Preise liegen bei 2–4 CHF/Std. bzw. 30–40 CHF/Tag. Unter **www.parking.ch** finden sich alle Zürcher Parkhäuser mit Angabe der Öffnungszeiten, Anzahl der Plätze und Preise. Alle Polizeiwachen stellen Tages-Parkkarten für die Blauen Zonen der Wohngebiete aus (15 CHF/Tag).

Fahrradverleih

Eine gute Alternative und zugleich ein absolut konkurrenzloses Angebot bietet **Züri rollt** (www.zuerirollt.ch): An sechs Stationen können City-Bikes, Kinderräder und eine begrenzte Anzahl von Flyern gegen Vorweisen eines Personal-

Sportveranstaltungen

Fußball: Im Stadtduell des ursprünglich proletarischen FC Zürich gegen die 10 Jahre älteren Grasshoppers hatte das Proletariat in den letzten Jahren meist das längere Ende für sich. Karten für die Spiele des FCZ im Letzigrund und des GC am Hardturm unter www.fcz.ch bzw. www.gcz.ch.

Eishockey: Spitzeneishockey des mehrfachen Schweizer-NLA-Meisters ZSC Lions gibt es im Zürcher Hallenstadion zu sehen. Alles Weitere unter www.zsclions.ch.

Ironman Zürich Switzerland: Vom Zürichsee nach Hawaii. Qualifikation für den legendären Ironman (Ende Juli, www.ironman.com).

Weltklasse Zürich: Gegen Saisonende trifft sich die Leichtathletik-Weltklasse im Letzigrund zu einem der traditionsreichsten Diamond-League-Meetings (Mitte Aug., www.diamondleague-zurich.com).

Freestyle.ch: Gigantisches Treffen der Top-Ski-, -Snowboard-, -FMX- und -Skateboard-Freestyler auf der Landiwiese (Ende Sept., www.freestyle.ch).

Eine große deutsche Tageszeitung hat die **ZürichCARD** 2010 zur besten Touristenkarte im deutschsprachigen Raum gekürt – vollkommen zu Recht. Ohne Wenn und Aber: Sie ist ein absolutes Muss für jeden Zürich-Reisenden.

Für (echte!) 24 Std. kostet die ZürichCARD 20/14 CHF, für 72 Std. sind es 40/28 CHF. Dafür hat man freie Fahrt mit allen öffentlichen Verkehrsmitteln (Tram, Bus, Bahn, Schiff, Seilbahn) im Zentrum (Zone 10) und allen angrenzenden Tarifzonen inklusive Flughafen, Uetliberg und Teilen des Zürichsees. Außerdem beinhaltet die Karte freien Eintritt in alle Zürcher Museen (allerdings z. B. im Kunsthaus nicht in Sonderausstellungen), einen Nachlass von 10 % auf den Zoo-Eintritt, eine Preisreduzierung für den Altstadtbummel (s. S. 25; 10 CHF statt 20 CHF) sowie einige weitere Vergünstigungen.

Man erhält die Karte am Flughafen Zürich, bei der Tourist Information im Hauptbahnhof (s. S. 18), an allen SBB- und VBZ-Verkaufsstellen (s. S. 22), bei der Zürichsee Schifffahrtsgesellschaft am Bürkliplatz (s. S. 25) sowie in etlichen Hotels oder unter www.zuerich.com. Sie muss am VBZ-Automaten entwertet werden und ist dann für 24 bzw. 72 Std. gültig. Infos unter Tel. 044 215 40 00.

ausweises und Hinterlegung von 20 CHF Depot kostenlos ausgeliehen werden (über Nacht kostet die Ausleihe 10 CHF). Die Rückgabe der top gepflegten Bikes kann auch an einer anderen Station erfolgen.

Züri rollt Stationen: Hbf. Nord/Landesmuseum, Hbf. Süd/Sihlpost (ganzjährig, tgl. 8–21.30 Uhr); Globus City/Pestalozzi-Anlage, Bürkliplatz, Bahnhof Enge (Mitte April–Okt. Mo–Fr 11–21.30, Sa, So 9–21.30 Uhr).

Stadtrundfahrten

Die Stadtrundfahrten durch Zürich starten in der Regel am Zentralen Busparkplatz hinter dem Hauptbahnhof (Tram 4: Sihlquai, Treffpunkt 10 Min. vor Tourbeginn). Die Standardtouren mit dem **Trolley** (Zürich Trolley Experience, tgl. 9.45, 12, 14 Uhr, 33 CHF) oder dem klimatisierten **Reisebus** (Zürich City Tour, April–Okt. tgl. 10.30, 13 Uhr, Nov.–März tgl. 13 Uhr, 33 CHF) dauern ca. 2 Std. Darüber hinaus gibt es auch Angebote von ca. 4 Std. Dauer, die zusätzlich zur Stadt-

rundfahrt einen Ausflug in die Umgebung, eine Schiffstour auf dem Zürichsee oder Ausflüge mit der Seilbahn umfassen (alle ca. 39–49 CHF). Am besten informieren Sie sich bei Zürich Tourismus über die einzelnen Angebote.

Etwas Besonderes ist die zweistündige Fahrt durch die gesamte Innenstadt mit einem **historischen Tram** unter dem Motto »Erfahre Zürich« (April–Dez. alle 1–2 Wochen Sa 11, 15 Uhr, 29 CHF, Treffpunkt Usteristr./McDonalds, www.vbz.ch, Tickets unter Tel. 044 434 44 34).

Seerundfahrten

Von der Schifflände am Bürkliplatz starten die Rundfahrten der Zürichsee Schifffahrt – von der 1,5-stündigen Fahrt nach Küsnacht und Thalwil (April–Okt. tgl. 11–19.30 Uhr alle 30 Min., 8,20 CHF, kostenlos mit ZVV-Tageskarte Zone 10/40 bzw. 10/50 und mit ZürichCARD) bis zur 8-stündigen Fahrt über den gesamten See (Juni–Sept. tgl. 8.30, So auch 11.30 Uhr, April, Mai, Okt. So 8.30 Uhr, 31,60 CHF, mit

ZürichCARD ist nur der Differenzbetrag zur kleinen Fahrt fällig).

Zürichsee Schifffahrt: Tel. 044 487 13 33, www.zsg.ch; Tickets an der Verkaufsstelle Bürkliplatz, auf dem Schiff, bei allen VZZ-Verkaufsstellen.

Stadtführungen

Zürich Tourismus: Im Hauptbahnhof, Tel. 044 215 40 00, www.zuerich.com. Den besten Einstieg in die Stadt bieten die 2-stündigen »Altstadt Geschichten« (April–Okt. tgl. 15, Sa, So auch 11 Uhr, Nov.–März Mi, So 15 Uhr, Sa 11, 15 Uhr, 20 CHF, mit ZürichCARD 10 CHF, Treffpunkt am Tourist Service im Hauptbahnhof). Darüber hinaus bietet Zürich Tourismus eine Vielzahl von Spezialrundgängen zu den unterschiedlichsten Themen an: Frauenpower, Zunftstadt Zürich, Architektur, Shopping, Zürich by Night … Ungewöhnlich sind auch die Führungen für Menschen mit Seh- oder Hörbehinderung.

Ghost Walk of Zurich: www.ghostwalk.ch, Feb.–Mai, Aug.–Nov. Do, Fr 20 Uhr, Treffpunkt Paradeplatz (beim Brunnen), 15/10 CHF. Dan Dent führt auf Englisch mit unterhaltsam-schaurigen Geschichten durch die blutige Vergangenheit Zürichs.

Stattreisen Zürich: Tel. 044 364 12 12, www.stattreisen.ch, Mai–Okt. Sa 10, Mitte Juli–Mitte Sept. auch Mi 18 Uhr, 20 CHF. Abseits des Alltäglichen erschließen die etwa 2-stündigen Rundgänge kulturelle oder historische Themen wie Juden, Dadaismus oder 1968 in Zürich.

LittleBigCity-Fahrradtour: Toptrek Touren Zürich, Tel. 077 454 65 90, www.toptrek.ch, Mo, Mi, Fr 10 Uhr, 50 CHF (bei 3–6 Pers.), Reservierung am Vortag bis 14 Uhr. In 2–3 Std. führt die Tour relativ gemütlich an Limmat, Sihl und Zürichsee entlang.

Grün Stadt Zürich: 044 412 27 68, www.stadt-zuerich.ch. Führungen oder Veranstaltungen zu den unterschiedlichsten ökologischen oder biologischen Themen meist am Wochenende.

ZüriWC

Besonders für Nicht-Zürcher eine angenehme Einrichtung sind die ZüriWCs, deren Slogan »sauber und zum Glück nicht weit« keine leere Versprechung ist. Inzwischen gibt es fast 100 gut ausgeschilderte Standorte, darunter die meisten touristisch relevanten Plätze (Preis teils 1 CHF, teils kostenfrei).

Der Umwelt zuliebe – nachhaltig reisen

Die Umwelt schützen, die lokale Wirtschaft fördern, intensive Begegnungen ermöglichen, voneinander lernen – nachhaltiger Tourismus übernimmt Verantwortung für Umwelt und Gesellschaft. Die folgenden Websites geben einige Tipps, wie man seine Reise nachhaltig gestalten kann.

www.zuerich.com: Die Website von Zürich Tourismus enthält auch Tipps für einen umweltverträglichen Aufenthalt in Zürich und listet z. B. Hotels mit Umwelt-Gütesiegel auf.

www.zvv.ch: Es ist eine Binsenweisheit, aber am umweltverträglichsten bewegen Sie sich in der Stadt immer noch mit öffentlichen Verkehrsmitteln. Die Website des Zürcher Verkehrsverbunds enthält alle notwendigen Informationen zu einem der besten öffentlichen Nahverkehrsnetze im deutschsprachigen Raum.

15 x Zürich direkt erleben

Hier trifft sich an Sommertagen *tout* Zürich. Kein Wunder, vermittelt die Promenade am Uto- und Seefeldquai mit ihrem alten Seebad, Einkehrmöglichkeiten unter schattigen Bäumen und Booten auf dem Wasser doch die Leichtigkeit unbeschwerter Urlaubstage. Es ist dieses gelassene, mediterrane Flair, das Zürich so viel Charme verleiht. Und das nicht nur hier, sondern auch in vielen anderen Ecken der Stadt: an den Ufern von Limmat und Sihl, auf den Plätzen im Niederdorf, auf dem Lindenhof oder der Bahnhofstrasse. Aber schauen Sie selbst und lassen Sie sich einfangen …

1 | Zürichs Laufsteg – die Bahnhofstrasse

Karte: ▶ Karte 2, A/B 2–5 | **Tram 3, 10, 14:** Bahnhofplatz/HB

Wo einst der Fröschegraben als Teil der Wehranlagen verlief, liegt heute Zürichs eleganteste Shoppingmeile. Nirgendwo sonst zeigt sich die Stadt so herausgeputzt wie auf diesem Boulevard. Neben großen Banken residieren hier traditionsreiche Kaufhäuser und Boutiquen internationaler Luxuslabels – ein Eldorado für jeden Shopaholic.

Das Luxuriöse der Bahnhofstrasse offenbart sich nicht sofort, nachdem man das Verkehrsgewühl auf dem Bahnhofplatz überwunden hat, über das der »Zar von Zürich«, Bankengründer, Eisenbahnpionier und Nationalrat Alfred Escher, gebietet. Auf der ersten Hälfte zeigt der 1865 eingeweihte und ab 1966 nach und nach vom Autoverkehr befreite Prachtboulevard nämlich nicht sein wahres, unverwechselbares Gesicht. Hier reihen sich die H&Ms, Fielmanns, Tally Weijls und Esprits dieser Welt beliebig und austauschbar aneinander.

Ab der Einmündung der Pelikanstrasse wechselt dann das Bild langsam: Banken, Uhren- und Schmuckgeschäfte signalisieren nicht nur, wo das Geld sitzt, sondern auch, wo es ausgegeben wird. Hier zeigt sich nicht nur das Besondere des Boulevards, sondern es wird auch klar, warum hier Jahresladenmieten von bis zu über 10 000 CHF pro Quadratmeter gezahlt werden können und warum auf diesen Flächen die weltweit höchsten Erträge neben New York und Hongkong erwirtschaftet werden. Aber auch hier ist der Wandel unaufhaltsam. Immer mehr alteingesessene Geschäfte ziehen aus, die Internationalisierung schreitet fort – wobei der Wechsel von Mövenpick zu Jeremy Hackett am Paradeplatz im Jahr 2010 symptomatisch für die Entwicklung ist.

Nach dem Paradeplatz, an dem die Bahnhofstrasse bis in die 1880er-Jahre endete, bevor ihr auf dem Weg zum See das Kratzquartier und der Baugarten weichen mussten, folgen schließlich noble Bekleidungsgeschäfte der Kategorie Prada oder Dior.

Superlative zum Auftakt

Ihren heutigen Namen verdankt die Bahnhofstrasse – wie sollte es anders sein – dem **Hauptbahnhof** [1], zugleich größter und zentraler Bahnhof im schweizerischen Eisenbahnnetz und als Endpunkt der Spanisch-Brötli-Bahn einer der Ersten. Was 1847 bescheiden begann, hat sich durch mehrere Umbauten, Erweiterungen und die Überbauung der Sihl zu einem regelrechten Moloch entwickelt. Im Untergrund befinden sich nicht nur die S-Bahnhöfe, sondern auch die ShopVille, die inzwischen zur RailCity aufpoliert wurde. Ihre Wurzeln liegen in den dunklen 1970er- und 1980er-Jahren, als im und um den Bahnhof die Drogenszene ihren Dreh- und Angelpunkt hatte und RAF-Terroristen 1979 nach dem Überfall auf die nahe gelegene Schweizerische Volksbank hier in den Untergrund abtauchten. Dass diese Zeiten zweifelhaften Ruhms überwunden sind, ist sicherlich nicht nur dem leuchtend bunten ›Schutzengel‹ von Niki de Saint-Phalle zu verdanken, der hoch oben in der Haupthalle schwebt. Aber zur Ruhe gekommen ist der Bahnhof immer noch nicht, denn zurzeit harren neue Pläne zur Umnutzung der alten Sihlpost und des Gleisfeldes der Umsetzung.

An der Pestalozzi-Anlage, an deren Stelle sich bis in die 1860er-Jahre die öffentliche Richtstätte befand, weitet sich die Bahnhofstrasse zum ersten Mal. An ihrem Rand bietet hinter schlichter Fassade das **Kaufhaus Globus** [1] auf sieben Etagen zwar nicht alles, was das Herz begehrt, dafür aber alles in gehobener Qualität und Preisla-

Übrigens: Seit 2010 erstrahlt die Bahnhofstrasse in der Vorweihnachtszeit im Schein von LUCY, einer Weihnachtsbeleuchtung der Superlative aus 12 000 m Stahlseilen, 23 100 Leuchtdioden und 11 550 Prismen, die das Licht in weihnachtlichen Glanz verwandeln.

ge. Paradoxerweise liegt der Höhepunkt im Keller: eine Feinkostabteilung, die sich in ihrer Qualität durchaus mit dem KaDeWe messen kann. Das Kaufhaus dürfte übrigens eines von europaweit wenigen Unternehmen sein, dessen Maskottchen Globi es nicht nur zu nationalem Ruhm, sondern auch noch auf offizielle Briefmarken geschafft hat.

Breiter, aber etwas weniger luxuriös ist das Sortiment im **Kaufhaus Jelmoli** [2], ein paar Ecken weiter. Trotzdem ist hier noch der Geist der großen Pariser Kaufhäuser spürbar, die bei der Eröffnung des ältesten Kaufhauses Zürichs 1899 Pate standen. Damals setzte die Stahl-Glas-Konstruktion mit ihrer Leichtigkeit und ihrer offenen Zurschaustellung der Waren Maßstäbe. Ein anderes Relikt vergangener glanzvoller Tage ist die **Löwen-Apotheke** [3] (Bahnhofstrasse 58) mit ihrer Ausstattung aus den ersten Jahren des 20. Jh.

Am Ende des ersten Abschnitts der Bahnhofstrasse erhebt sich die **Pavillon-Skulptur** [2] von Max Bill, 1983 aus 63 gleich großen, auf Hochglanz polierten Granitblöcken geschaffen, zwischen denen sich immer wieder neue Perspektiven bieten – ein Pendant steht übrigens vor dem Betriebsgebäude der Städtischen Werke in Winterthur.

Gold und Geld

Zwischen allem Glanz, der die Bahnhofstrasse auf den nächsten paar hundert Metern flankiert, verbirgt sich ein ganz besonderes Juwel: das **Uhrenmuseum Beyer** 3. Im Souterrain des Ladengeschäfts wird in nur zwei Räumen eine Sammlung von 500 Uhren aus dreieinhalb Jahrtausenden präsentiert. Von der einfachen Stabuhr über das Nürnberger Ei und Bilderuhren bis hin zu aufwendigsten Mechanismen findet sich hier eine unvergleichliche Sammlung von Unikaten und Kostbarkeiten – vielfältiger als die Uhrensammlung Kellenberger in Winterthur (s. S. 70), wenngleich deutlich beengter präsentiert. Auch für Laien und Nicht-Uhrenfetischisten ist es faszinierend, wie schön und originell sich die Zeit messen lässt.

Ein Stück weiter öffnet sich die Bahnhofstrasse zum **Paradeplatz,** in dessen Nähe, wie Urnenfunde belegen, bereits in der römischen Kaiserzeit Bestattungen stattfanden. Geadelt wurde der einstige Säumärt (Saumarkt) und Aufmarschplatz des Militärs 1873, als mit dem Bau des von Friedrich Wanner entworfenen Neorenaissance-Palastes der **Credit Suisse** 4 – 1856 von Alfred Escher gegründet und damals noch Schweizerische Kreditanstalt geheißen – der Grundstein zum Finanzplatz Zürich gelegt wurde. In seinem Inneren lädt der **Lichthof** zum Nobel-Shoppen ein. Und so ist es nur folgerichtig, dass dieser Platz Pate stand für das teuerste Feld im Schweizer Monopoly.

Aber es ist nicht nur das Geld, das den Paradeplatz prägt, sondern auch der kultivierte Lebensstil und der Genuss. Schließlich erhebt sich an seiner Ostseite das legendäre, 1838 als erstes Luxushotel der Stadt gegründete **Hotel Baur en Ville** 1 (heute Savoy Baur en Ville – im Gegensatz zum Baur au Lac), das der Vorarlberger Hotelier Johannes Baur strategisch geschickt neben dem frisch gebauten Posthof er-

richtet hatte. Am Nordende des Platzes zitiert die Fassade des 1913 erbauten **Peterhofs** 5 mit Treppengiebel und neogotischen Stilelementen geschickt historische Kaufmannshäuser als Vorbilder.

Vis-à-vis der Credit Suisse hat der Inbegriff der Schweizer Schokoladenkunst seit 1859 seinen Stammsitz: die 1836 gegründete **Confiserie Sprüngli** 1. Das Art-déco-Ambiente im Café erinnert noch heute an vergangene Zeiten, während es in den Verkaufsräumen einer eher nüchtern-eleganten Präsentation der süßen Verführungen gewichen ist. Unter all dem Konfekt, den Torten, Pralinen und Truffes, großenteils in Handarbeit mit heimischen Rohstoffen hergestellt, ragen die legendären Luxemburgerli, vielfarbige Makronen mit Cremefüllung, heraus. Gäbe es einen passenderen Abschluss eines Einkaufs- oder zumindest Schaufensterbummels auf der Bahnhofstrasse als eine Pause im Straßencafé von Sprüngli? Ein besserer Platz zum Sehen und Gesehenwerden ist jedenfalls kaum vorstellbar.

Eine Oase der Ruhe

Aber in allem Trubel lässt sich auch eine Oase der Ruhe finden. Nur ein paar Meter vom Paradeplatz entfernt, betreten Sie durch eine Toreinfahrt eine andere Welt: den grünen, ruhigen **Kappelerhof** 6. Dieses Häuserkarree wurde, genau wie die benachbarten, 1878/1879 auf dem Areal des Kratzquartiers erbaut (von *Kratten* = Korb, sinngemäß Sackgasse). Zürich wurde modern, das in sich geschlossene Viertel der Armen und Ausgestoßenen musste weichen. Lassen Sie hier Ihren Spaziergang ruhig im traditionellen **Café Milchbar** 2 bei einem Stück Kuchen oder einer anderen Kleinigkeit ausklingen.

Infos und Öffnungszeiten

Kaufhaus Globus 1:
Schweizergasse 11, Tel. 044 226 60
60, www.globus.ch, Mo–Sa 9–20 Uhr
Kaufhaus Jelmoli 2: Bahnhofstr.,
Tel. 044 220 46 00, www.jelmoli.ch,
Mo–Sa 9–20 Uhr
Uhrenmuseum Beyer 3: Bahn-
hofstr. 31, Tel. 043 344 63 63,
www.beyer-ch.com/museum,
Mo–Fr 14–18, Eintritt 8/3 CHF
Confiserie Sprüngli 1: Bahnhofstr.
21, Tel. 044 224 46 46, www.spruen
gli.ch, Mo–Fr 7.30–18.30, Sa 8–17 Uhr
Café Milchbar 2: Kappelergasse 16,
044 211 90 13, www.cafe-milchbar.ch,
Mo–Fr 5–18, Sa 7–17 Uhr, Backwaren,
kleine Gerichte ab 20 CHF

Traditionslokal

In dem bei Touristen wie Einheimischen
beliebten **Zeughauskeller 3** (Bahnhofstr. 28a, Tel. 044 211 26 90, www.
zeughauskeller.ch, tgl. 11.30–23 Uhr,
ab 19 CHF) wird seit 1927 gewirtet.
Die zünftige Atmosphäre erinnert an
die großen deutschen Bierkeller und
bietet eine ähnlich deftige Küche von
sehr guter Qualität.

Spezialgeschäfte

Eine kleine, doch reich bestückte Insel
englischer Sprachkultur bildet **Orell
Füssli The Bookshop 4** (Bahnhofstr. 70, www.books.ch, Mo–Fr
9–20, Sa 9–18 Uhr), das größte Geschäft für englischsprachige Bücher auf
dem europäischen Festland. Aus der
Vielzahl der Uhrengeschäfte hebt sich
das Traditionshaus **Türler 5** (Bahnhofstr. 28, www.tuerler.ch, Mo–Fr
9.30–18.30, Sa 9.30–17 Uhr) wohltuend ab. Hier wird die Kunst des Uhr-
macherhandwerks noch gepflegt, wie
schon die Kosmische Uhr am Eingang,
eine Arbeit des Hauses, zeigt.

2 | Wo alles begann – rund um den Lindenhof

Karte: ▶ Karte 2, B 2/3 | **Tram 6, 7, 11, 13:** Rennweg

Nur wenig erhebt sich der Lindenhof über den Trubel der Altstadt und doch ticken die Uhren hier langsamer. Boule- und Schachspieler verbummeln hier ganze Nachmittage, Kinder tollen umher und Berufstätige essen ihren Lunch, während Besucher den Blick über die Stadt genießen. Seit Urzeiten ein bevorzugter Platz, liegen hier Zürichs Ursprünge.

Von der geschäftigen Bahnhofstrasse führt der nicht weniger belebte **Rennweg** ins Herz der linksseitigen Altstadt. Eine der ältesten Straßen Zürichs, war er seit dem Mittelalter eine der wichtigsten Hauptstraßen und Teil des Verkehrsweges nach Baden. Bis heute hat sich in einigen Häusern mittelalterliche Bausubstanz erhalten (Nr. 4, 6), doch prägen den Rennweg vor allem an seinem unteren Ende Gebäude des 19. Jh.

Durch den Einfluss der aufstrebenden Bahnhofstraße erhielt er zu dieser Zeit ein neues Gesicht.

Bevor sich der Rennweg im 18. Jh. in eine gehobene Wohnlage wandelte, prägte die Lage am Stadtrand lange die Bevölkerungsstruktur: Neben Bäckern lebten im oberen Teil vor allem Metzger, die ihr Vieh auf die Allmend vor der Stadt trieben und bis 1802 ihr Zunfthaus im Haus **Zum Widder** 🔟 (Nr. 1) hatten. Seit 1995 ist dieses mit acht weiteren Häusern zum **Hotel Widder** (s. S. 91) vereint. Die behutsame Verbindung der Gebäude aus dem 16.–19. Jh. hat ihren historischen Charakter bewahrt und das gewachsene Straßenbild nicht verändert.

Gegenüber, vor den Häusern unterhalb des Lindenhofes, bestand bis 1879 ein erhöhter, terrassenartiger Gehweg, ›Rain‹ genannt. Er diente bei Paraden als Tribüne und ist vielleicht der heutige Namensgeber der Straße.

Erste Blüte in römischer Zeit

Neben dem barocken **Amazonenbrunnen** 2 führt eine Treppe hinauf zum **Lindenhof,** der seinen Namen von der für das 15. Jh. erstmals bezeugten Bepflanzung mit Linden hat. Deren Schatten erfreute schon Goethe und auch heute noch ist der Platz eine beliebte Oase der Ruhe. Auf einer eiszeitlichen Endmoräne gelegen, ist dies der älteste Besiedelungsort Zürichs, dessen Spuren bis in keltische Zeit zurückreichen. Um 15 v. Chr. gehörte Zürich zum römischen Reich. Die Römer bauten hier eine militärische Anlage, richteten eine Zollstation ein und aus der keltischen ging eine römische Siedlung hervor. Als bedeutender Warenumschlagplatz erlebte Zürich bis ins 3. Jh. eine erste Blütezeit. Zur Sicherung der Verkehrswege erfolgte im 4. Jh. die Erbauung eines Kastells.

Auch in nachrömischer Zeit blieb der Lindenhof das Besiedlungszentrum. Im 10./11. Jh. entstand hier eine Pfalz als Aufenthaltsort deutscher Könige und Kaiser, die später zu einer Burg erweitert wurde, die den Reichsvögten als Herrschaftssitz diente. Nachdem Zürich 1218 freie Reichsstadt geworden war und ein städtischer Rat ihre Geschicke lenkte, wurden Kastell und Pfalz zerstört. Seitdem ist der Lindenhof ein freier Platz und diente vor allem Volksfesten. Der **Brunnen** (1912) Gustav Sibers erinnert an die Verteidigung der Stadt gegen habsburgische Truppen durch die als Soldaten verkleideten Frauen 1292, deren Männer in den Kriegen mit den Habsburgern gefallen waren.

In der Pfalzgasse ist der römische **Grabstein** 3 (Kopie) des als Kind verstorbenen Lucius Aelius Urbicus zu sehen, dessen Vater Vorsteher der römischen Zollstation Turicum gewesen war, von der sich später der Name Zürichs ableitete. Im Haus **Zum Kindli** 1 (Nr. 1) werden seit 1474 Gäste beherbergt.

Einst frommen Pilgern vorbehalten, wird im gemütlichen Restaurant heute jeder Reisende mit feiner Kost verwöhnt.

Über die **Strehlgasse** mit ihren Bürgerhäusern des 17./18. Jh. und einigen reizvollen Erkern führt der Weg weiter Richtung Weinplatz. Als die Gasse sich im 19. Jh. zur Geschäftsstraße entwickelte, wurden in viele Häuser elegante Ladeneinbauten integriert, deren Fassaden bis heute ihr Bild prägen. Noch immer beleben viele kleine, individuelle Boutiquen die Straße. So findet frau feminine Mode bei **En Soie** 1 (s. S. 103) und stilvolle Designermode in der Boutique **Naomi** 2, Gürtel für Individualisten bietet **Buckles & Belts** 3.

Eines der ältesten Quartiere

Über den **Weinplatz** 4 (s. S. 35) gelangen Sie zur **Schipfe** 5, neben der Wühre die einzige Uferpartie, die im 19. Jh. nicht in eine Quaianlage umgestaltet wurde. Hier, in einem der ältesten Quartiere, ist die mittelalterliche Enge der Bebauung besonders gut spürbar. Schmale Gässchen schlängeln sich durch die Häuser, an der Limmat überfangen vom **Schipfegängli**, einem niedrigen Laubengang. Das malerische Viertel ist geprägt von Gebäuden aus dem 16.–18. Jh., in denen sich kleine Boutiquen und Handwerksbetriebe angesiedelt haben, die ihm einen lebendigen Charakter verleihen.

Einst Umschlagplatz für Schiffer, die hier ihre flachen Boote ans Ufer *schupften* (schoben) und zusammen mit den Fischern an der hinteren Schipfe wohnten, waren hier seit dem 14. Jh. drei Badstuben (Nr. 25, 27, 29) sowie anverwandte Berufszweige wie Bader und ›Zahnreißer‹ angesiedelt. Die Ufernähe zog im 15. Jh. Gerber und Pergamenthersteller an, denen im späten 16. Jh. die Textilindustrie folgte, die für das Färben große Mengen Fließwasser benötigte. Bis ins 19. Jh. kamen Seifen- und Kerzenfabriken, ein Wasserpumpwerk (1885 abgetragen) sowie eine Druckerei hinzu, die der hinteren Schipfe einen industriellen Charakter verliehen. Heute ist davon nur noch wenig zu spüren. Als einer der letzten Zeugen hat sich der 1565 gegründete **Wollenhof** 6 (Nr. 30/32), die bis 1867 bestehende erste Seidenweberei Zürichs, am Ende der Schipfe erhalten. Seine heutige Gestalt erhielt er im 18. Jh. unter der Familie Escher, die die Weberei 1702 übernahm und teilweise bis zu 500 Weber beschäftigte. Ihr entstammte auch der berühmte Schweizer Politiker Alfred Escher.

Frühe Verwaltungsbauten

Der vergrößerte Verwaltungsapparat infolge der Eingemeindung der Vororte 1893, die Zürich großstädtischen Charakter verlieh, führte 1903–1914 zur Errichtung der **Städtischen Amts-** **häuser** 7 durch den Architekten Gustav Gull. Diesen vorgelagert liegt das ehemalige, im italienischen Stil erbaute Waisenhaus (1771), heute Sitz der **Stadtpolizei**. Es birgt mit der 1925/26 von Augusto Giacometti in leuchtenden Farben ausgeschmückten **Eingangshalle** 8 ein sehenswertes Kleinod, das gegen Hinterlegung des Ausweises besichtigt werden kann.

Teil der neuen Amtshäuser war die 48 m hohe, 1907 eingeweihte **Urania-Sternwarte** 9, ein markanter Blickfang in der Stadtsilhouette. Ihr 12 t schweres Teleskop aus der Jenaer Carl-Zeiss-Werkstatt war das fortschrittlichste seiner Zeit und erlaubte in 600-facher Vergrößerung einen Blick zu den Sternen. Die unter dem Kuppeldach gelegene **Jules Verne Panorama Bar** lädt anschließend zu einem traumhaften Blick auf das Lichtermeer der Stadt und einem gelungenen Tagesausklang ein.

Infos

Zum Kindli 1: Pfalzgasse 1, Tel. 043 888 76 78, www.kindli.ch, Mo–Sa 11.30–14.30, 18–23.30 Uhr, ab 38 CHF
Naomi 2: Strehlgasse 14, www.naomi-zuerich.ch, Mo–Fr 9.30–18.30, Sa 9.30–17 Uhr
Buckles & Belts 3: Strehlgasse 17, www.bucklesbelts.com, Mo–Mi, Fr 9.30–18.30, Do 9.30–20, Sa 9–17 Uhr
Urania-Sternwarte 9: Uraniastr. 9, Hofdurchgang zur Deutschen Bank, www.urania-sternwarte.ch, Führungen Do–Sa 21 Uhr, 15/10/5 CHF
Jules Verne Panorama Bar: Uraniastr. 9, Mo–Do 11–24, Fr, Sa 11–1 Uhr

Idyllische Pause an der Limmat

Beliebt im Sommer ist die Terrasse des **Restaurants Schipfe 16** 2 (Tel. 044 211 21 22, Mo–Fr 9.30–16 Uhr, ab 22 CHF). Täglich gibt es drei Mittagsmenüs.

3 | Im Schatten der Turmuhr – die Altstadt links der Limmat

Karte: ▶ Karte 2, A/B 3 | **Tram 4, 15:** Rathaus

Unweit der geschäftigen Bahnhofstrasse mit ihrem großstädtischen Flair liegt eine fast dörfliche Idylle – die St. Peterhofstatt. Rund um eine alte Linde laden Bänke zum Verweilen ein. Auf diesem malerischen Platz scheint im Schatten der größten Zifferblätter Europas die Zeit stillzustehen.

1648 erhielt Zürich den Status einer vom Reich unabhängigen Stadtrepublik, der sich in der repräsentativen Architektur des 1698 eingeweihten **Rathauses** 1 widerspiegelt. Der streng gegliederte Neubau erhebt sich in der Limmat über den Arkaden des Vorgängerbaus und vereint Elemente der Spätrenaissance und des Frühbarock. Sein für diese Zeit einmaliger Fassadenschmuck thematisiert die neue Freiheit der Republik durch die Büsten antiker und Schweizer Helden und Staatsmän-

ner in den Fenstergiebeln. So erinnern an der Nordseite Wilhelm Tell (Uri), Werner Stauffacher (Schwyz) und Arnold von der Halden (Unterwalden) an den Ewigen Bund der drei Schweizer Urkantone. Ein barockes, von zwei Löwen bekröntes Säulenportal betont die Mittelachse. Hier wurden einst die Urteile für schwere Verbrechen verlesen. Seit 1803 Sitz des Kantonsrats, tagt noch heute wöchentlich der Kantons- und Gemeinderat in den prunkvollen Räumen.

Ein Platz im Wandel der Zeit

Der Weg führt über die **Rathausbrücke,** Zürichs erste Limmatbrücke, zum **Weinplatz** 2 . In römischer Zeit war der älteste Marktplatz der Stadt noch eine Schiffsanlegestelle, die später immer weiter verfüllt wurde. Die 1984 gefundenen Reste von **Thermen** 3 an seiner Stirnseite sind neben dem Kastell auf dem Lindenhof die bedeutendsten römischen Funde in Zürich. Insgesamt

35

konnten drei Badeanlagen nachgewiesen werden. Die älteste datiert um 70 n. Chr. und wurde bis ins 3. Jh. n. Chr. zweimal vergrößert. Teile der einstigen Hypokaustenanlage sind im Boden zu sehen, Schaukästen erläutern die Funde und vermitteln Einblicke in die römische Badekultur.

Bis zum Abbruch des Kornhauses an der Limmatseite 1620 fand auf dem Weinplatz der Kornmarkt statt. Seinen heutigen Namen erhielt er im 17. Jahrhundert, als hier Wein umgeschlagen wurde, woran der Winzerbrunnen (1908) vor dem **Hotel Storchen** **1** (Nr. 2) erinnert. Das Hotel, 1938/39 komplett erneuert, gehörte mit dem einst gegenüberliegenden **Hotel Zum Schwert** (Nr. 9/10) seit dem Spätmittelalter zu den wichtigsten Herbergen der Stadt, in denen auch der Rat seine Gäste unterbrachte. Das Schwert, Mitte des 19. Jh. umgebaut und heute ein Geschäftshaus, galt als die noblere Herberge, in der Könige und Gesandte abstiegen. Zu seinen berühmten Gästen zählen Casanova, Victor Hugo und Stefan Zweig. Wer einen leichten Hunger verspürt, kann von April bis Oktober die Atmosphäre des Platzes auf der Terrasse des Storchen genießen.

Im Zuge der Neugestaltung des Weinplatzes im 17. Jh. entstand die an der Limmat entlangführende **Wühre** als Uferbefestigung zwischen Münster- und Rathausbrücke. In den zuvor ans Wasser angrenzenden Häusern hatten sich Badstuben und Gerbereien angesiedelt, die jedoch mit dem Wandel in ein gehobenes Wohnquartier, von dem noch die barocken Häuser in den angrenzenden Gassen zeugen, wegen des Geruchs verboten wurden. Edle Geschäfte laden zum Bummeln ein, während das **Café Wühre** **2** (s. S. 41) mit einem unvergleichlichen Blick auf das Grossmünster aufwartet.

Die Geschäfte und Boutiquen an Wühre und Weinplatz machen bereits deutlich, dass die linke Limmatseite zu den feineren Adressen zählt. Dolce & Gabbana, Trois Pommes und andere lassen die Nähe zur Bahnhofstrasse erahnen. Dieser Trend setzt sich in der **Storchengasse** fort, die im Mittelalter Teil des Prozessionswegs zwischen Fraumünster und Lindenhof war. Im 19. Jh. waren hier Mode-, Putz- und Galanteriewarengeschäfte ansässig, von denen einige ihre Fassaden und Ladenfronten in eleganter, großstädtischer Manier erneuerten. Ein besonders schönes Beispiel ist das Haus **Zum Tor** (Nr. 13). Seit 1864 ziert es eine triumphbogenartige Fassade mit Renaissanceformen, die 1898 eine farbenprächtige Marmorierung mit vergoldeten Kapitellen erhielt. In der **Confiserie Teuscher** **1** sollte man sich nicht durch die üppige Blumendekoration von der eigentlichen Auslage ablenken lassen. Die angebotenen Köstlichkeiten, vor allem die himmlischen Champagner-Truffes, lohnen einen Besuch.

Dörfliche Idylle

Über die von stattlichen Häusern aus dem 14. bis 16. Jh. gesäumte **Schlüsselgasse** gelangt man zur idyllischen **St. Peterhofstatt** **4**, einer malerischen Oase inmitten des geschäftigen Treibens, deren Ruhe und Friedlichkeit nur von Vogelgezwitscher und den Schlägen der Turmuhr unterbrochen werden. Im Schatten einer alten Linde kann man die Stimmung des Platzes genießen, der vor allem mit einer Person verbunden ist: Johann Caspar Lavater (1741–1801). Als Diakon an St. Peter lebte er seit 1778 im Haus **Zur Reblaube** **3** (Nr. 5), bevor er 1786 in das damalige **Pfarrhaus** (Nr. 6) umzog. Lavater war ein in Europa viel beachteter Theologe und Schriftsteller, der vor allem als Begründer der Physiognomik von sich Reden machte und dessen Predigten, die Zeitgeschehen mit christlichen Gesichtspunkten verbanden, sich großer Beliebtheit erfreuten. Bei seiner zweiten Schweizreise besuchte ihn Goethe zum zweiten Mal und man tafelte in geselliger Runde. Sein Bild (1920) an der Fassade des Restaurants **Kaiser's Reblaube** erinnert an dieses Treffen, ebenso wie das historische **Goethestübli** (19. Jh.) im ersten Stock. Am Ort des einstigen Schlafgemachs Goethes wird heute marktfrische Spitzenküche serviert.

Eine breite Treppe führt hinauf zu **St. Peter** 5 , Zürichs ältester Kirche, neben deren Eingang Lavaters Grabstein steht. An der Stelle eines Vorgängerbaus aus dem 8./9. Jh. erhebt sich heute eine Kirche, die mehrere Bauphasen in sich vereint: Einer spätromanischen Chorturmkirche, deren unterer Turmabschnitt erhalten ist, folgte eine spätgotische Hallenkirche. Ihr Langhaus wurde bei einem Brand zerstört und 1705/06 durch einen barocken dreischiffigen Emporensaal ersetzt, den ersten reformierten Kirchenneubau Zürichs. Das Innere strahlt eine helle, festliche Ruhe aus, die von den warmen Tönen der Stuckmarmorsäulen und des dunklen Holzes des Chorgestühls (15. Jh.) aus verschiedenen aufgehobenen Klöstern und des Lettners (1705) geprägt wird. Den mächtigen Turm ziert seit 1538 eine Schlaguhr mit den größten Zifferblättern Europas (Durchmesser 8,7 m). Er diente früher als Wachturm und die alte Wächterstube kann nach Voranmeldung besucht werden.

Die seit 1832 bestehende **Buchhandlung Beer** 2 (Nr. 10) ist eine der ältesten der Stadt. Nach der Gründung der Universität im nahen Augustinerkloster 1833 entwickelte sie sich zu einem Treffpunkt der Gelehrten und Studierenden.

Übrigens: In der Strehlgasse 13 steht das **Geburtshaus Gottlieb Duttweilers** 6 (1888–1962). Der Pionier des Schweizer Lebensmittelhandels gründete 1925 den heute führenden Schweizer Detailhändler Migros. Seine Idee – die Ausschaltung des Zwischenhandels, um Produkte des täglichen Bedarfs billiger anbieten zu können – war ein voller Erfolg. Turbulenzen im Detailhandel und Boykottaufrufe waren die Folge, trugen jedoch zur Popularität bei. Das Sortiment seiner rollenden Verkaufswagen erweiterte sich schnell und ab 1928 entstanden eigene Produktionsbetriebe. 1941 wurde die Migros in eine Genossenschaft umgewandelt, die bis heute auf den Verkauf von Alkohol und Tabak verzichtet. 1948 folgte der erste Selbstbedienungsladen. Zum Unternehmen gehören heute u. a. eine Bank, ein Reiseveranstalter, Club-Schulen, Tankstellen und Buchläden.

Frühneuzeitliche Industrie
An der sanft zur Bahnhofstrasse hin abfallenden **Augustinergasse** liegt gleich zu Beginn der **Strauhof** 7 , ein für die Protoindustrie des 17. Jh. typischer Wohn- und Produktionskomplex, in dem bis 1670 Burat hergestellt wurde, ein Mischgewebe aus Seide und Wolle. Später diente er nur noch als Wohnhaus und wurde im Barock umgebaut. Heute sind hier das **Literaturmuseum** und die **James-Joyce-Stiftung** beheimatet. Die Museumsräume mit ihren schönen Stuckdecken spiegeln die Wohnkultur des 18. Jh. wider.

Über den sich anschließenden **Münzplatz,** den einstigen Friedhof des Augustinerklosters, den ein barocker Brunnen mit einer Statue der Mäßigung (1761) ziert, gelangt man zur **Augusti-**

nerkirche , dem einzigen Überbleibsel des früheren Klosters. Für einen Bettelorden typisch lag es in seiner Entstehungszeit unmittelbar an der Stadtmauer. Die 1270–1284 errichtete Kirche wurde nach der Reformation profanisiert: Im Südflügel zog 1525 das für die Armenfürsorge zuständige städtische Almosenamt ein. 1596 folgte die Münze und der Münzmeister erhielt eine in Chor und Seitenkapellen eingerichtete Wohnung. Seit 1837 war das Kloster Sitz der Universität, bevor diese 1864 in den Südflügel des Polytechnikums umzog und erst seit 1844 diente die Kirche wieder als Gotteshaus für die Katholiken. Aus dieser Zeit stammt auch der Chor, während das Langhaus mit den hohen Spitzbogenarkaden 1958/59 in Anlehnung an den mittelalterlichen Baubestand rekonstruiert wurde. Das schlichte Innere birgt einige sehenswerte Freskenreste aus dem 15. Jh. sowie Glasfenster von August Wanner (1965). Seit 1873 gehört die Kirche der christkatholischen Gemeinde (s. S. 76).

Den Rundgang beschließt der malerischste Teil der **Augustinergasse**. Seit Mitte des 15. Jh. von Handwerkern besiedelt, ließen sich hier später Fabrikanten nieder, die die Häuser im 18. Jh. mit pittoresken geschnitzten Erkern verzierten. Sie sollten nicht nur mehr Licht einlassen und einen besseren Blick auf die Straße ermöglichen, sondern hatten auch einen eindeutig repräsentativen Charakter, der den Reichtum zur Schau stellte. Einer der schönsten Erker befindet sich an Haus Nr. 28, in dem auch die gemütliche Wirtschaft **Zur Schtund** lodert, wo man hervorragende Flammkuchen essen kann. Heute beleben eine Vielzahl an kleinen Geschäften und Bistros die Straße.

Infos und Öffnungszeiten

St. Peter : St.-Peterhofstatt, www.st-peter-zh.ch, Mo–Fr 8–18, Sa 10–16, So 11–17 Uhr. Turmbesichtigungen auf Anfrage, Tel. 044 211 50 70

Museum Strauhof : Augustinergasse 9, Tel. 044 412 31 39, Di–Fr 12–18, Sa, So 10–18 Uhr, Eintritt 10 CHF

Augustinerkirche : Augustinerhof, www.katholisch-zuerich.ch, Mo–Fr 10–17, Sa 12–17 Uhr

Storchen : Weinplatz 2, Tel. 044 227 21 13, www.storchen.ch, Boulevard-Café tgl. ab 11.45 Uhr, ab 32 CHF

Kaiser's Reblaube : Glockengasse 7, Tel. 044 221 21 20, www.kaisers-reblaube.ch, Weinstube Mo–Fr 11.30–14.30, Di–Sa 18–23, Goethestübli Di–Fr 12–14.30, Di–Sa 18.30–23 Uhr, ab 35 CHF

Zur Schtund : Augustinergasse 28, Tel. 044 224 24 28, Mo–Fr 10.30–21, Sa 10.30–18 Uhr, ab 18 CHF

Confiserie Teuscher : Storchengasse 9, www.teuscher.com, Mo–Fr 9–19, Sa 10–18, So 16–18 Uhr

Buchhandlung Beer : St. Peterhofstatt 10, Tel. 044 211 27 05, www.buch-beer.ch, Mo–Fr 9–18.30, Sa 9–16 Uhr

4 | Das mittelalterliche Macht-zentrum – der Münsterhof

Karte: ▶ Karte 2, B 4
Tram 4, 15: Helmhaus oder **Tram 2, 6, 7, 8, 9, 11, 13:** Paradeplatz

Die Äbtissinnen des adeligen Damenstifts Fraumünster regierten bis zur Reformation die Stadt und verfügten über Markt-, Münz- und Zollrechte. Vom einstigen Glanz der Abtei zeugt heute nur noch die Kirche. Mit ihren Glasfenstern von Marc Chagall und Augusto Giacometti ist sie ein wahres Kleinod.

Mit der Schenkung eines königlichen Klosters an seine Töchter Hildegard und Bertha legte Ludwig der Deutsche 853 den Grundstein für das einflussreiche, bis zur Reformation bestehende Damenstift, von dem nur noch das **Fraumünster** 1 und Teile des Kreuzgangs erhalten sind. Die Kirche geht auf einen karolingischen, 874 geweihten Vorgängerbau zurück, der in späterer Zeit fünf Umbauten erfuhr. Das heutige Erscheinungsbild bestimmt die Erneuerung in gotischer Zeit. Sie begann bei dem ab 1230 entstandenen, noch spätromanischen Chor und setzte sich bis zum Beginn des 14. Jh. nach Westen fort, im Mittelschiff wegen Geldmangels ab 1280 nur noch in reduzierter Formenvielfalt. Im 18. Jh. erfolgte die Erhöhung des Nordturms und der Teilabbruch des Südturms. Zu Beginn des 20. Jh. gotisierte Gustav Gull Teile des Baus, so das Mittelschiffgewölbe und die Westfassade. Gull schuf auch die mit Fresken on Paul Bodmer (1941) ausgeschmückte Passage an der Südseite der Kirche, in die er Reste des mittelalterlichen **Kreuzgangs** 2 integrierte.

Hauptattraktion der zweitbedeutendsten Kirche Zürichs sind die fünf expressiven **Fenster Marc Chagalls** (1970) im Chor, die Szenen des Alten und Neuen Testaments thematisieren: an der Nordwand das Prophetenfenster (rot), in der Mitte das Jakobs- (blau), Christus- (grün) und Zionsfenster (gelb) und an der Südwand das Gesetzesfenster (blau). 1978 kam eine Rosette im Südquerhaus hinzu, die ihr Pendant in der Rose Augusto Giacomettis von 1945 zum Thema »Himmlisches Paradies« im Nordquerhaus hat.

Adelige Frauenpower

Das Stift war adeligen Damen vorbehalten und seine Äbtissinnen fungierten seit 1218 als Stadtherrinnen, die mit zahlreichen Privilegien ausgestattet waren und über riesigen Grundbesitz verfügten. Sie wählten die Bürgermeister, waren oberste Richterinnen und führten die städtische Kanzlei. Zwei der herausragenden Persönlichkeiten waren Elisabeth von Wetzikon (um 1235–1298), die als Kunstförderin für den gotischen Kirchenneubau verantwortlich war und in deren Kreis die Manessische Liederhandschrift entstand, sowie Katharina von Zimmern (1478–1547), die letzte Äbtissin, die das Kloster nach einer Zeit des Niedergangs noch einmal zur Blüte führte, bevor es 1524 aufgehoben wurde und sie die Regentschaft an die Stadt übergab.

Städtischer Repräsentationsraum

Neben dem Fraumünster liegt der im 13. Jh. anstelle des Stiftsfriedhofs angelegte **Münsterhof**. Als größter Platz der mittelalterlichen Stadt diente er als Markt und für repräsentative Zwecke wie Empfänge hoher Persönlichkeiten. Die Anwohner waren vor allem Landadelige, Dienstleute des Stifts und Kleriker.

Zu Beginn des 15. Jh. bezog die erste Zunft ein Haus am Platz, andere folgten nach. Als hervorstechendes Beispiel darf dabei das Zunfthaus der Leinen- und Wollweber **Zur Waag** 3 gelten. Die breite Front des 1636/37 errichteten stattlichen Gebäudes steht im Kontrast zu den übrigen schmäleren Häu-

sern und vereint Stilelemente der Gotik und Renaissance. Von den barocken Umbauten zeugt nur das schöne Portal.

Das im Typus eines französischen Schlossbaus 1752–1757 von David Morf erbaute ehemalige Zunfthaus der Weinhändler **Zur Meisen** 4 beherbergt heute die **Porzellan- und Fayencesammlung** des Landesmuseums. Der Bau gilt als repräsentativstes Rokokopalais Zürichs und die verspielten Masken an seinen Fassaden lassen erahnen, wie grazil die Dekorationen im Inneren sind. Eine Gedenktafel im Boden vor dem kunstvollen schmiedeeisernen Eingang erinnert an Winston Churchills legendäre Rede zur Einheit Europas, die er 1946 vom Balkon aus hielt.

Vor dem Fraumünster erhebt sich das 1937 eingeweihte **Reiterstandbild** 5 für Hans Waldmann von Hermann Haller. Waldmann führte 1476 Zürcher Truppen siegreich in der Schlacht bei Murten, wurde Zunftmeister, Mitglied des Rats und 1483 Bürgermeister. Seine rigide Regierung, welche die Privilegien der Constaffel beschnitt und die Zünfte stärkte, führte zu einer wirtschaftlichen Blütezeit, trug ihm jedoch etliche Feinde ein. 1489 wurde er zum Tode verurteilt, hingerichtet und im Fraumünster bestattet.

An das Denkmal schließt sich die 1836–1838 von dem Ingenieur Alois von Negrelli entworfene **Münsterbrücke** an, die erste steinerne Brücke Zürichs. Neben der Rathausbrücke war sie lange der einzige mit Fuhrwerken befahrbare Verbindungsweg über die Limmat zwischen Baden und Rapperswil.

Blütezeit in der Belle Epoque

Zwischen Fraumünster und See erstreckte sich seit dem Mittelalter das dicht bebaute **Kratzquartier,** Wohnstätte von Armen, Prostituierten und Bettlern. 1891 wurden die letzten Häuser des sozial schwachen Quartiers zugunsten einer repräsentativen Gestaltung des gesamten Areals mit großen Blockbauten abgebrochen, die durch die wirtschaftliche Hochkonjunktur der Belle Epoque und den durch die Eingemeindungen verursachten erhöhten Platzbedarf für Behörden bedingt war.

Zu den modernen Verwaltungsbauten aus dieser Zeit zählt das **Stadthaus** 6 . 1884 am Ort des einstigen Damenstifts St. Felix und Regula erbaut und 1898–1900 von Gustav Gull erweitert, vereint das historistische Gebäude Stilformen der Gotik und Renaissance. Heute dient es als Sitz des Stadtpräsidenten und im eindrucksvollen **Lichthof** finden Ausstellungen statt.

Wenige Schritte weiter schließt sich mit dem 1894 fertiggestellten **Metropol** 7 (s. S. 76) eines der ersten reinen Geschäftshäuser Zürichs an. Gegenüber liegt das **Frauenbad** 8 . Als Folge der internationalen Hygienebewegung Ende des 19. Jh., die gegen ungesunde Wohnverhältnisse zu Felde zog, wurde

das nostalgische Holzbad 1888 errichtet. Die geschlossene Vierflügelanlage mit Pavillons und maurischem Dekor diente allein der Körperreinigung und ist bis heute Frauen vorbehalten. Am Abend wandelt sie sich in die beliebte **barfussbar** (s. S. 107).

Richtung See schließt sich das **Bauschänzli** 9 an, einer der letzten Reste der 1642–1678 vor dem Hintergrund des 30-jährigen Krieges errichteten gewaltigen Stadtbefestigung, die einmal die gesamt Stadt umschloss. Sie war das größte Bauprojekt, das Zürich je realisierte und diente nicht nur dem Schutz gegen Angriffe, sondern erschloss zugleich Raum für neue Vorstädte, da die eingefasste Fläche doppelt so groß war wie die Stadt. Diese Verbindung von Militär- und Stadtbau unterscheidet die Anlage von denen anderer Städte. Ein schattiger **Biergarten** (Mitte April–Sept. tgl. 11–23 Uhr) mit einer fantastischen Aussicht auf die Limmat und Livemusik lädt hier zu einem gemütlich Tagesausklang.

Infos und Öffnungszeiten
Fraumünster 1 : Am Münsterhofplatz, www.fraumuenster.ch, tgl. April–Okt. 10–18, Nov.–März 10–16 Uhr
Zunfthaus Zur Meisen Porzellan- und Fayenceausstellung 4 : Münsterhof 20, Tel. 044 221 28 07, Di–So 10.30–17 Uhr, Eintritt 3 CHF

Genüsslich pausieren
Im **Café Wühre** 1 (Wühre 11, Mo–Sa 8.30–18, So 10–18 Uhr) versüßt die fraglos beste Aussicht auf Limmat und Grossmünster den Kaffee. Einen gepflegten Apéro genießt man in der **Old Fashion Bar** 1 (Fraumünsterstr. 15, www.oldfashionbar.ch, Mo–Mi 10–24, Do–Sa 10–1 Uhr). Die älteste Bar Zürichs hat ihren nostalgi-

schen Charme bewahrt und bietet eine große Auswahl an Cocktails und Weinen sowie einige kleine Gerichte (ab 25 CHF) auf hohem Niveau.

5 | Zentrum der Reformation – das Grossmünster

Karte: ▶ Karte 2, B/C 3/4 | **Tram 4,15:** Helmhaus

Die Altstadt rechts der Limmat wird beherrscht vom majestätischen Grossmünster, Wirkungsort Zwinglis und Ausgangspunkt seiner reformatorischen Ideen. Auch wenn Victor Hugo seine Türme einst als »scheußliche Pfefferbüchsen« geißelte, ist es bis heute eine der touristischen Attraktionen Zürichs.

Die Anfänge des **Grossmünsters** 1 sind von Legenden umrankt. Die Schutzheiligen Zürichs, die Geschwister Felix und Regula, gehörten zur Thebäischen Legion des Hauptmanns Mauritius, die um 300 n. Chr. das Martyrium erlitt. Beide entkamen jedoch und gelangten bis nach Zürich, wo auch sie als Märtyrer starben. Nach ihrer Enthauptung auf einer kleinen Limmatinsel trugen sie ihre Köpfe 40 Ellen weit bergan zu dem Platz, an dem sie begraben werden wollten. Rund 500 Jahre später soll Karl der Große bei der Jagd einen Hirsch von Aachen bis nach Zürich verfolgt haben, als sein Pferd plötzlich vor ihren Gräbern auf die Knie sank. Karl stiftete daraufhin über diesen eine Kirche, das heutige Grossmünster. Seine Sitzfigur am Südturm erinnert an diese legendäre Begebenheit.

Wahrzeichen der Stadt

Ein karolingischer Memorialbau über den Gräbern der Heiligen wurde 870 in ein Stift umgewandelt und ab etwa 1100 in mehreren Etappen durch die heutige Kirche ersetzt. Bis 1230 entstand eine dreischiffige Pfeilerbasilika, die zu den bedeutendsten romanischen Doppelturmanlagen der Schweiz gehört. Nur wenige spätgotische Umbauten wie der Einbau eines großen Maßwerkfensters an der Fassade (15. Jh.), die Erneuerung des Dachreiters (1502) und der Türme ab dem vierten Geschoss (nur im Süden erhalten) haben ihr äußeres Erscheinungsbild seitdem verändert. Nach einem Brand des Nordturms im 18. Jh. erhielten die Türme ihre charakteristischen Helme.

Das romanische **Hauptportal** 2 mit seinem reichen figürlichen und ornamentalen Schmuck und einer mit biblischen Szenen geschmückten Bronzetür von Otto Münch (1950) führt in das **Innere** der Kirche, das sich seit der Reformation sehr schlicht präsentiert. Massige Pfeiler mit Rundbögen, niedrige Emporen, Kreuzrippengewölbe und ein erhöhter Chor über der Krypta bestimmen den Raumeindruck. Zu den wenigen Ausstattungsstücken gehören die Kanzel (1853), der auch als Abendmahlstisch genutzte Taufstein (1598) und die Orgel (1960). Daneben haben sich einige qualitätvolle romanische Kapitelle mit Ornamenten und Reliefs (Gründungslegende, Ermordung Abners durch Joab) sowie Reste spätgotischer Wandmalereien erhalten. Seit 2009 stellen die Achat- und Figurenfenster von Sigmar Polke einen neuen Blickfang dar.

Den **Chor** 3, wo einst der 1140 geweihte Hauptaltar mit den Reliquien der Heiligen stand, deren Gräber sich in der angrenzenden Zwölfbotenkapelle befanden, dominieren drei Fenster von Augusto Giacometti (1933), die in leuchtenden Farben die Weihnachtsgeschichte schildern.

Als ältester Teil der Kirche gilt die 1117 geweihte **Hallenkrypta.** Ihr Altar war dem Hl. Mauritius geweiht. Seine Thebäische Legion sowie Felix und Regula sind daher auch Thema der Hans Leu d. Ä. zugeschriebenen Reste von Wandmalereien (Ende 15. Jh.).

Ein verstecktes Juwel ist der **Kreuzgang** 4. Anstelle des Chorherrenstifts, das nach der Reformation als Lateinschule und theologische Akademie diente, entstand 1850–1853 eine Mädchenschule, die Dekorationselemente des

Übrigens: Wer gut zu Fuß ist, sollte unbedingt den Aufstieg über die 187 Stufen im Karlsturm des Grossmünsters wagen. In luftiger Höhe wird er mit der besten Rundumsicht auf Stadt, See und umliegende Berge belohnt (März–Okt. Mo–Sa 10–17, So 12.30–17.30, Nov.–Febr. Mo–Sa 10–16.30, So 12.30–16.30 Uhr, Eintritt 4/2 CHF).

Grossmünsters aufnahm. Teile des alten, romanischen Kreuzgangs wurden in den Neubau integriert und die schönen Kapitell- und Kämpferplastiken zeigen eine fantastische Welt aus Fratzen, Fabelwesen und menschlichen Figuren. Heute hat hier das Theologische Seminar der Uni seinen Sitz.

Mit Bibel und Schwert

Hinter der neugotischen **Grossmünsterkapelle** 5 (Kirchgasse 11) im englischen Tudorstil schließt sich die **Helferei** 6 an, deren heutige Gestalt von Umbauten des 16. Jh. geprägt ist. Seit 1270 war sie Sitz des Leutpriesters und bis zu seinem Tod Zwinglis Amtswohnung.

Als Huldrych Zwingli (1484–1531) in der Schlacht bei Kappel fiel, hatte er zwölf Jahre lang als Leutpriester am Grossmünster gewirkt und die Schweiz nachhaltig geprägt. Inspiriert von Erasmus von Rotterdam und Luther, strebte er eine Erneuerung des Christentums an, die auch das gesellschaftliche Leben verändern sollte. Allein die Heilige Schrift sollte in allen religiösen Fragen Maßstab sein. Unterstützt vom Rat der Stadt, ging er ab 1523 gegen alles Nichtbiblische vor: Er verbannte Bilder, Reliquien und Orgeln aus den Kirchen und führte den Wortgottesdienst ein. Klöster wurden aufgehoben, strenge Sittengesetze folgten. Sein Ziel, die Reformation in der gesamten Schweiz durchzusetzen, spaltete das Land und in den folgenden Religionskriegen mit der katholischen Innerschweiz starb Zwingli auf dem Schlachtfeld. Sein Nachfolger Heinrich Bullinger (1504–1575) setzte sein Werk fort und schuf die Grundlagen der heutigen zwinglischen Kirche.

Vom Pilgerort zum Museum

Vom Grossmünsterplatz führt eine Treppe hinab zur **Wasserkirche** 7, die bis zur Aufschüttung des Limmatquais 1839 auf einer Insel im Fluss lag und durch einen Holzsteg mit Frau- und Grossmünster verbunden war. Der Zugang erfolgt über das frühklassizistische **Helmhaus** 8, das die städtische Galerie für zeitgenössische Schweizer Kunst beherbergt, die mit Ausstellungen und Künstlergesprächen Einblicke in die rührige Kunstszene gibt.

Die Wasserkirche geht zurück auf einen dreischiffigen Kirchenbau des 10. Jh., in dessen Krypta sich ein seit um 1300 als Hinrichtungsstätte der Stadtheiligen verehrter Findling befand. Bis zur Weihe des spätgotischen Neubaus 1487 erfolgten drei Umbauten, die eine Ausstellung in der Krypta dokumentiert, zusammen mit ausführlichen Informationen zur Felix-und-Regula-Legende. Auch der Märtyrerstein ist noch vorhanden. Nach der Reformation zunächst ein Warenlager, diente die Kirche 1634–1917 als Bürgerbibliothek mit Kunstkammer, dem ersten Museum der Stadt. Heute sind in der hohen, seit 1940/42 wieder als Gotteshaus genutzten Saalkirche vor allem das Netzgewölbe sowie die Glasfenster (1940–43) von Augusto Giacometti im Chor sehenswert.

Gegenüber, am Limmatquai 28/30, stehen die 1858–1863 von Wilhelm Waser errichteten **Münsterhäuser** 9, seinerzeit der grösste Miets- und Geschäftshauskomplex der Stadt, der den Wandel Zürichs zur Grossstadt markierte. Seit 1887 ist hier der **Stammsitz der Firma Hug** 1 (s. S. 101) beheimatet, eines der ältesten und grössten Musikfachgeschäfte Europas. Ein Stück weiter steht vor dem Chor der Wasserkirche ein **Bronzedenkmal Huldrych Zwinglis** 10 (1885) von Heinrich Natter.

Infos und Öffnungszeiten

Grossmünster 1: www.grossmuen ster. ch, März–Okt. 10–18, Nov.–Febr. 10–17 Uhr, Führungen am zweiten So im Monat 11.30 Uhr, 8 CHF, Treffpunkt vor dem Hauptportal
Kreuzgang: Mo–Fr 9–18 Uhr

Wasserkirche 7: Limmatquai 31, tgl. 9–18, Krypta Di 7.30–12, Mi–Fr 14–17, Sa 12–17 Uhr
Helmhaus 8: Limmatquai 31, Tel. 044 251 61 77, Di–So 10–18, Do 10–20 Uhr

Wider den Alkoholismus

Weil Ende des 19. Jh. Trunksucht ein grosses Problem war, richtete der Verein für Mässigkeit und Volkswohl 1898 das alkoholfreie Wirtshaus **Zentrum Karl der Grosse** ein und sorgte für die Verbesserung der Arbeitsbedingungen für Serviertöchter. Heute kann man sich hier im **Restaurant Karl** 1 (Kirchgasse 14, Mo–Fr 8.30–23, Sa 10–17.30 Uhr) mit allerlei Kleinigkeiten aus Küche und Keller (!) stärken.

Karte: ▶ Karte 2, B/C 2/3 | **Tram 4,15:** Helmhaus

Einst war das Niederdorf Heimstätte eines Großteils der Handwerkerzünfte, des jüdischen Gettos und Anziehungspunkt für Künstler, Literaten und Revolutionäre. Heute ist es mit seinen zahllosen kleinen Läden, Ateliers, Bars, Kneipen und Restaurants eines der lebendigsten Quartiere und eine der touristischen Attraktionen Zürichs.

Ende des 19. Jh. war der Ruf der Altstadt denkbar schlecht: In den engen Gassen und dunklen, oft feuchten Wohnungen mit unzureichenden sanitären Anlagen wohnte vorwiegend die Unterschicht, dazu Emigranten, Künstler und Studenten. Sanierung, ja Erneuerung sollte Abhilfe schaffen. Wären die Pläne der Architekten und Stadtplaner umgesetzt worden, stünde von dem pittoresken Niederdorf, in dem noch immer die mittelalterliche Baustruktur erlebbar ist,

nicht mehr viel. Tatsächlich wurden ab den 1920er-Jahren einige Hofauskernungen vorgenommen, die für mehr Licht und Raum sorgen sollten. Karl Moser wollte 1933 gar alles abreißen und mit breiten Straßen und Geschäftshäusern im Stil der Moderne eines Le Corbusier den Weg Zürichs in die Zukunft ebnen. Glücklicherweise wurde keine dieser Ideen verwirklicht. Stattdessen setzte in den 1950er-Jahren ein Umdenken ein und denkmalpflegerische Aspekte standen fortan im Vordergrund, sodass das »Dörfli« noch heute mit seinem ganz eigenen Charme besticht.

Stadtteil mit vielen Gesichtern

Vom Zwingliplatz führt der Weg in die Münstergasse, einem Teil der historischen Achse durch die linksseitige Altstadt. Wie in der Kirchgasse hinter dem Grossmünster lebten hier zunächst Chorherren, später war sie bevorzugter Wohnort gebildeter Kreise. Im Haus

Zum Schwanen 1 (Nr. 9) lebte der berühmte Dichter Salomon Gessner, der mit Goethe, Wieland und Mozart bekannt war und 1780 im Verlag Orell, Gessner, Füssli & Co. die Zürcher Zeitung gründete, Vorgängerin der NZZ.

Wenige Schritte weiter liegt die **Bodega Española** 1, das älteste spanische Restaurant Zürichs. An der klassizistischen Fassade, der Einrichtung der Weinschenke und der *Sala morisca* mit ihrer Holzvertäfelung hat sich seit 1874 kaum etwas verändert. Aber nicht das malerische Interieur lockt die Gäste an, sondern die besten Tapas der Stadt.

Am direkt angrenzenden Platz findet man weitere kulinarische Institutionen: 1912 ließ sich hier die **Kolonialwarenhandlung Schwarzenbach** 1 nieder. Schon allein der Duft verführt beim Betreten alle Sinne, ganz zu schweigen von den vielen exotischen Spezialitäten wie Dörrfrüchten, Gewürzen, Tee, Kaffees etc. Letzterer wird im Haus geröstet und kann im zugehörigen **TeeCafé** (s. S. 94) genossen werden. Als Alternative liegt gleich gegenüber das hübsche **Café Schober** 2 (s. Péclard S. 94). Hier werden Tees und Kaffees von Schwarzenbach zu feinster Patisserie gereicht.

Die benachbarte Spiegelgasse war im Laufe der Zeit Wohnort vieler literarischer und politischer Größen. An Haus Nr. 1 erinnert eine Gedenktafel an die Künstlerkneipe **Cabaret Voltaire** 2, die 1916 die Geburtsstätte des Dadaismus war und wo Hugo Ball und seine Freunde mit ihrer Kunst gegen die sinnentleerten bürgerlichen Konventionen protestierten. Seit 2004 gibt es hier wieder ein gleichnamiges Café.

Bergan führt die Gasse zum idyllischen **Napfplatz** 3, dessen Mitte ein Brunnen von 1568 mit einer Figur des Frühlings (1911) ziert. An seiner Stirnseite ragt der hohe mittelalterliche Brunnenturm auf, einst Sitz lombardi-

scher Geldwechsler und im 19. Jh. Ort einer Armenschule, die Gottfried Keller zu ihren Schülern zählte. Im Haus **Zum Waldries** 4 (Nr. 11) wohnte Johann Caspar Lavater bis zu seiner Berufung als Pfarrer an St. Peter. Goethe besuchte ihn hier auf seiner ersten Schweizreise 1775. Am Ende des Platzes führt die Spiegelgasse wieder hinab, vorbei am Sterbehaus des Dramatikers Georg Büchner (Nr. 12) und dem Domizil Lenins (Nr. 14). Dieser arbeitete hier 1916/17, kurz vor seiner Rückkehr nach St. Petersburg, an seinem Werk über Imperialismus und Kapitalismus. Nebenan ziert die Ladenfront (1903) einer ehemaligen Metzgerei die Modeboutique **Thema Selection** 2, dessen unverwechselbares Eigenlabel mit einem feinen Angebot an qualitätvollen Kleidern und Accessoires ergänzt wird.

Am Ende der Spiegelgasse öffnet sich der **Neumarkt.** Auch hier wohnten seit dem Mittelalter viele wohlhabende Bürger. Ursprünglich diente er als Viehmarkt, heute zählt er zu den reizvollsten Altstadtwinkeln. Im herrschaftlichen Haus **Zum Unteren Rech** 5 (Nr. 4), dessen Ursprünge ins Hochmittelalter zurückreichen und das einst Sitz mehrerer Bürgermeister war, ist neben dem sehenswerten Innenhof im italienischen Stil mit Fenstersäulen (1497) und Architekturmalereien aus dem 16. und 17. Jh., die einen Eindruck davon vermitteln, wie vornehme Bürger in dieser Zeit wohnten, ein Stadtmodell zu sehen, das Zürich um 1800 zeigt. Heute ist hier das **Stadtarchiv** untergebracht, doch die Ausstellungsräume im Erdgeschoss sind öffentlich (Mo–Fr 8–18, Sa 10–16 Uhr).

Über dem **Jupiterbrunnen** (um 1760) und dem **Restaurant Kantorei** 3, das zu einer entspannten Pause einlädt, ragt der spätgotische **Grimmenturm** 6 empor, der im 13. Jh. erbaute bedeutendste erhaltene der einst mehr als ein Dutzend mittelalterlichen Wohntürme Zürichs. Entlang des Neumarkts liegen zahlreiche kleine, individuelle Geschäfte, die zum Stöbern einladen: Galerien, Goldschmiede-, Interieur- und Modeläden. Und auch wenn man nichts Bestimmtes sucht, wird man mit Sicherheit fündig. Etwa bei **Barbara Wick** **3**, die Romantisches für zu Hause anbietet. Oder man verliebt sich in einen der drolligen Gesellen, die das Schaufenster von **Meinrad's Puppen und Bären** **4** bevölkern. Am Ende des Neumarkts steht etwas versteckt das **Geburtshaus Gottfried Kellers** **7**, des ersten kantonalen Stadtschreibers und großartigen Romanciers des bürgerlichen Realismus, der das Leben seiner Zeit in meisterhafter Weise schildert.

Mönche, Beginen und Juden
Die malerische Predigergasse mit ihren Handwerksbetrieben führt zum Zähringerplatz. Um 1230 erbauten die Dominikaner als erster Bettelorden in Zürich hier ein Kloster, von dem nur die **Predigerkirche** **8** erhalten ist. Ihr Kirchturm (1900) ist mit 97 m der höchste der Stadt. Die romanische Basilika erhielt 1325–1357 einen hochgotischen Polygonalchor, der zum Bedeutendsten der Schweizer Bettelordensarchitektur zählt. Nach der Aufhebung des Klosters diente der Chor als Kornspeicher, das Langhaus als Kelterhaus für Wein. 1541 wurde zwischen beiden eine Trennwand eingezogen, sodass im Schiff fortan Gottesdienst gehalten werden konnte. Zu Beginn des 17. Jh. wurde das Schiff in einen festlichen Predigtsaal umgewandelt und erhielt als erstes der Schweiz eine frühbarocke Stuckierung. Der alte Chor dahinter diente seit 1873 als Büchermagazin der Kantons-, später der **Zentralbibliothek** **9**, die 1917 auf dem Gebiet der 1887 niedergebrannten Klostergebäude erbaut wurde.

Übrigens: Gegenüber dem **Rindermarkt** Nr. 9, wo Gottfried Keller seine Jugendjahre verlebte, liegt mit der **Oepfelchammer** **4** – Zürichs ältester, seit 1801 unverändert erhaltener Weinstube – sein späteres Stammlokal.

Die von spätmittelalterlichen Häusern gesäumte **Brunngasse,** an der sich Juden und Beginen angesiedelt hatten, fromme Frauen, die ohne feste Ordensregeln in christlichen Gemeinschaften lebten und vielfältige soziale Aufgaben wahrnahmen, führt weiter in die **Froschaugasse**. Im Volksmund Judengasse genannt, lebte hier die Mehrheit der kleinen, 1273 erstmals schriftlich erwähnten jüdischen Gemeinde. Ihre **Schule** und **Synagoge** **10** befanden sich in Haus Nr. 4, das jedoch im 18. Jh. tiefgreifend umgebaut wurde. Eine Gedenktafel markiert heute den Platz. Nach der Ausweisung 1436 ließen sich erst wieder 1862 Juden in Zürich nieder. 1874 erfolgte ihre Gleichstellung mit den übrigen Bürgern und die Erlaubnis, ihren Gottesdienst frei auszuüben.

Hinein ins Vergnügen
An der **Stüssihofstatt** **11** stößt man wieder auf die Münstergasse. Der von einem **Renaissancebrunnen** (1573) beherrschte Platz diente bis um 1500 als Kornmarkt. Zugleich war er Standort der Schmiede. In ihrem Zunftlokal **Zur Schmiden** **12** (s. S. 99) speist man in der ältesten erhaltenen Zunftstube. Im **Schwarzen Garten** (Nr. 9) lag seit 1782 das Medicinisch-chirurgische Institut, Zürichs erste Unterrichtsstätte für Medizin und Vorläufer der medizinischen Fakultät der Uni.

Von hier aus führt die quirlige **Niederdorfstrasse** bis zum Central. Mit ihren vielen Kneipen, Cafés und Bars ist sie noch heute ein beliebtes Amüsierviertel und an lauen Abenden flanieren hier die Menschen in Scharen entlang. Besonders beliebt ist der **Rosenhof** **1**, wo sich abends vor allem junge Leute zu einem Stelldichein in einem der vielen Lokale treffen.

Historische Zunfthäuser

Am 1855–1859 angelegten **Limmatquai** reihen sich die geschichtsträchtigen Zunfthäuser wie an einer Perlenschnur aneinander. Für etliche Zünfte, die sich als Mitträger der Stadtregierung verstanden, war der Neubau des Rathauses 1698 Anreiz, es ihm mit ihren Versammlungshäusern gleichzutun, um an Glanz und Ansehen nicht nachzustehen. Die Krämerzunft **Zur Saffran** **13** (Nr. 54) erneuerte ihr nur 50 Jahre zuvor bereits neu gebautes Haus 1719–1723 abermals, um mit der vornehmen Nachbarschaft mitzuziehen. Über weiten Arkaden erhebt sich ein imposanter, streng gegliederter Sandsteinkubus im Stil des Spätbarock. Daneben folgen das gotische Haus **Zur Haue** (Nr. 52) und das Haus **Zur Kerze** (Rüdenplatz 2) von 1548 mit einem prächtigen Renaissanceerker, die ebenfalls über Arkaden aufragen. Das Haus **Zum Rüden** **14** (Nr. 42) der Gesellschaft zum Constaffel datiert aus dem Jahr 1349. Die beeindruckende Holzdecke im Gotischen Saal stammt noch aus dieser Zeit. Gleich daneben liegt das Zunfthaus **Zur Zimmerleuten** **15** (Nr. 40). Es war 1708 das erste, das angeregt durch das Rathaus im Stil des Barock neu errichtet wurde.

Infos und Öffnungszeiten
Cabaret Voltaire **2**: Spiegelgasse 1, www.cabaretvoltaire.ch, Di–Sa 12.30–24, So 12.30–19 Uhr

Predigerkirche **8**: Predigerplatz, www.predigerkirche.ch, Mo 12–18, Di–So 10–18 Uhr
Bodega Española **1**: Münstergasse 15, Tel. 044 251 23 10, tgl. 10–24 Uhr, Tapas ab 5,40 CHF
Restaurant Kantorei **3**: Neumarkt 2, Tel. 044 252 27 27, www.restaurant-kantorei.ch, Mo–Fr 9–24, Sa 11.30–24, So 11–23 Uhr, ab 23 CHF
Restaurant Oepfelchammer **4**: Rindermarkt 12, Tel. 044 251 23 36, www.oepfelchammer.ch, Di–Fr 11–24, Sa 16–24 Uhr, ab 30 CHF
Kolonialwaren Kaffeerösterei Schwarzenbach **1**: Münstergasse 19, www.schwarzenbach.ch, Di–Fr 8–18.30, Sa 9–17 Uhr
Thema Selection **2**: Spiegelgasse 16, www.themaselection.ch, Mo 12–18.30, Di–Fr 10–18.30, Sa 10–16 Uhr
Barbara Wick **3**: Neumarkt 3, Mo 12–18.30, Di–Fr 10–18.30, Sa 10–16 Uhr
Meinrad's Puppen- und Bären **4**: Neumarkt 12, Di–Sa 11–18 Uhr

7 | Wissenschaftsschmieden über der Stadt – ETH und Universität

Karte: ▶ Karte 2, C/D 1–3 | **Tram 4, 6, 7, 10, 15:** Central

Das kuriose Polybähnli selbst macht die Fahrt vom nahe der Limmat gelegenen Central hinauf auf die Polyterrasse lohnenswert. Von hier oben, direkt vor dem Hauptgebäude der ETH Zürich, bietet sich ein weiter Blick über die ganze Stadt mit dem dahinter gelegenen Uetliberg und über den Zürichsee.

In atemberaubenden anderthalb Minuten trägt Sie die **Polybahn** 1 – aus naheliegenden Gründen auch Studenten-Express genannt – von den Niederungen des Central in die Höhen von Forschung und Lehre. 1889 erbaut und 1897 elektrifiziert, wurde sie in den 1970er-Jahren mit Hilfe der Schweizerischen Bankgesellschaft vor dem Ruin bewahrt und schafft, inzwischen vollautomatisch, ihre Last unermüdlich zur **Polyterrasse** 2 hinauf. Von dieser Aussichtsplattform, unter deren Beton sich die Mensa der ETH versteckt, bietet sich einer der schönsten Blicke über Zürich.

Zentren der Wissenschaft

Über der Polyterrasse erhebt sich das monumentale Hauptgebäude der 1855 als Polytechnikum gegründeten **ETH Zürich** 3, nach Plänen von Gottfried Semper 1859–1864 errichtet und 1915–1924 von Gustav Gull im Stil des Historismus umgebaut. Neben Fritz Haber und Albert Einstein studierten oder lehrten weitere 19 Nobelpreisträger an dieser renommierten Hochschule, die Zürich, nicht zuletzt auf Betreiben Alfred Eschers, als Entschädigung für die Niederlage gegen Bern im Wettstreit um den Bundessitz zugesprochen worden war. Der Lehrbetrieb ist inzwischen zu einem großen Teil auf den Campus auf dem Hönggerberg ausgelagert.

49

Kaum weniger machtvoll wirkt das direkt benachbarte Gebäude der **Universität Zürich** 4 , 1910–1914 nach Plänen von Karl Moser erbaut. Im Vergleich zu Universitäten wie Köln oder Prag noch recht jung, war die Universitas Turicensis 1833 doch die erste europäische Universitätsgründung durch einen demokratischen Staat.

Weshalb die Bibliothek der **Rechtswissenschaftlichen Fakultät** 5 (Rämistr. 74) ein Höhepunkt moderner Architektur in Zürich ist, offenbart sich erst beim Betreten. Die von Santiago Calatrava 2004 entworfene Überbauung des Lichthofs wirkt von oben wie ein gigantisches Auge.

Im Schatten der Universität

Klein, aber fein ist das **Zoologische Museum** 6 im Nordflügel der Universität. Es bietet nicht nur einen umfassenden Überblick über die Schweizer Fauna und eine interessante paläontologische Sammlung, sondern ist insbesondere für Kinder einen Besuch wert, da sich viele Gelegenheiten zum Experimentieren und Mitmachen bieten.

Ein Muss für Literaturfans ist ein Besuch im **Thomas-Mann-Archiv** 7 , das neben Handschriften und Erstausgaben in einem Raum die originale Einrichtung des letzten Arbeitszimmers von Thomas Mann beherbergt.

Zum Abschluss des kleinen Rundgangs lohnt sich ein Besuch des Hauses **Zum Rechberg** 8 . Der vornehmste barocke Profanbau in Zürich kann zwar, im Gegensatz zu seinem Pendant, dem Zunfthaus Zur Meisen (s. S. 40), nicht besichtigt werden. Dafür bietet der steil terrassierte Garten manch ruhiges Plätzchen für eine Pause. Von seiner ursprünglichen barocken Gestalt ist durch zahlreiche Umgestaltungen leider einiges verloren gegangen. Aber auch so lassen sich die Sonne und die Farbenpracht der Rabatten gut genießen.

Wer sich dann noch zum Ausklang von täglich wechselnden kulinarischen Genüssen überraschen lassen will, muss nur schräg über die Kreuzung zum Restaurant **Hirschberg** 1 gehen – allerdings am besten vorher reservieren! Dabei überqueren Sie mit dem Hirschengraben die spätmittelalterliche Stadtgrenze, die in diesem Bereich von der Stadtmauer und einem vorgelagerten Graben gebildet wurde, in dem das namengebende Wild gehalten wurde.

Infos und Öffnungszeiten

ETH/Universität 3 : tgl. bis 18 Uhr, frei zugänglich, Restaurant im uniTurm mit fantastischer Aussicht nur für Uni-Angehörige und Alumni geöffnet
Zoologisches Museum der Universität Zürich 6 : Karl-Schmid-Str. 4, Tel. 044 634 38 38, www.zm.uzh.ch, Di–Fr 9–17, Sa, So 10–17 Uhr
Thomas-Mann-Archiv der ETH Zürich 7 : Schönbergstr. 15, Tel. 044 632 40 45, www.tma.ethz.ch, Mi, Sa 14–16 Uhr
Hirschberg 1 : Seilergraben 9, Tel. 044 262 63 63, www.restaurant-hirsch berg.ch, Mo–Fr 12–14, 19–24 Uhr, ab ca. 28 CHF

Das etwas andere Lokal

Außergewöhnliche Erlebnisgastronomie, die jedes Schweizklischee bedient, bietet für ein vorwiegend junges Publikum das **Crazy Cow** 2 (Leonhardstr. 1, Tel. 044 261 40 55, www.crazy cow.ch, tgl. 10–24 Uhr, ab 20 CHF). Die typischen Spezialitäten werden untypisch präsentiert: das *Poulet im Chörbli* wird in einem echten Einkaufswagen serviert, als Brotkörbe dienen Filzfinken.

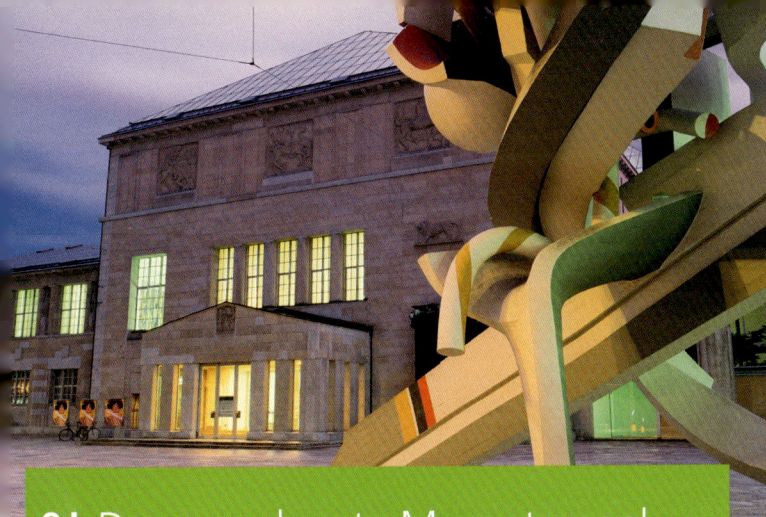

8 | Der vornehmste Musentempel der Stadt – das Kunsthaus Zürich

Karte: ▶ Karte 2, C/D 3/4 | **Tram 3, 5, 8, 9:** Kunsthaus

Der älteste Schweizer Kunstverein hat seinen Ursprung im Jahre 1787, als sich ein Kreis von Künstlern und Kunstliebhabern zur Künstlergesellschaft zusammenschloss. 1896 ging daraus die Zürcher Kunstgesellschaft hervor, der es seither im Verein mit Stiftern und Sponsoren gelungen ist, eine vorzügliche Sammlung von internationalem Rang aufzubauen. Bringen Sie also Zeit mit – es lohnt sich!

Der Initiative der Zürcher Kunstgesellschaft ist auch der erste Museumsbau (1907–1910) von Karl Moser zu verdanken, ein strenger Kubus mit tempelartiger Eingangshalle im Stil des Neoklassizismus mit Elementen des Jugendstils. Schon 1925 fügte Moser dem **Kunsthaus Zürich** 1 eine Ausstellungshalle hinzu, der bis 1976 noch zwei Erweiterungen folgten.

Meisterwerke aus 600 Jahren

Gleich im Erdgeschoss sind vier Räume der 1965 gegründeten **Alberto-Giacometti-Stiftung** gewidmet. Mit 150 Skulpturen und 20 Gemälden ist sie die umfangreichste Sammlung dieses faszinierenden Künstlers und bietet einen Überblick über sein gesamtes Lebenswerk – von den archaischen Anfängen über Kubismus, Surrealismus bis hin zum reifen Spätwerk.

Ferdinand Hodlers Monumentalwerk »Die Einmütigkeit« (1914) empfängt den Besucher im ersten Stock und verweist auf einen ersten Sammlungsschwerpunkt des Hauses: die **Schweizer Malerei** seit dem späten 18. Jh., deren Förderung erklärtes Ziel der Zürcher Kunstgesellschaft war. Werke ihrer bedeutendsten Vertreter sind im Treppenhaus und im linken Flügel ausgestellt, darunter neben dem großen Symbolisten Hodler Arbeiten von Füssli, Böcklin, Segantini und Amiet.

Gegenüber schließt sich die Abteilung **Alte Meister** an, die mit einer repräsentativen Schau spätgotischer Arbeiten aus der Schweiz beginnt (Zürcher Nelkenmeister) und durch eine qualitätvolle Sammlung an Gemälden der italienischen Renaissance, des Goldenen Zeitalters Hollands (Rembrandt, Ruisdael), des flämischen, französischen und italienischen Barock (Rubens, Brueghel d. Ä., Poussin, Lorrain) sowie des Venezianischen Settecento, unter denen besonders die Veduten Canalettos, Guardis und Bellottos hervorstechen, fortgesetzt wird.

In den folgenden Räumen kann man sich davon überzeugen, dass das Kunsthaus auch hinsichtlich moderner, zeitgenössischer Kunst zu den ersten Adressen gehört. Da das Haus stets Arbeiten lebender Künstler sammelt, ist die **Kunst seit 1945** hervorragend repräsentiert: Neben Arbeiten von Beuys, Polke, Baselitz oder Kiefer sind Werke wichtiger Vertreter der Amerikanischen Malerei (Lichtenstein, Pollock) zu sehen. Ein eigener Raum ist den Arbeiten Cy Twomblys gewidmet.

Das zweite Geschoss zeigt die Kunstströmungen der zweiten Hälfte des 19. und der ersten Hälfte des 20. Jh. Der repräsentative Querschnitt der Kunst des **Impressionismus, Postimpressionismus** (Cézanne, van Gogh, Gauguin), **Expressionismus** und der **Klassischen Moderne** wird durch die größte Werkgruppe des Malers **Edvard Munch** außerhalb Norwegens sowie zehn Gemälde Monets, zu denen zwei seiner schönsten Seerosenbilder gehören, ergänzt und gehört zu den Höhepunkten des Museums.

Infos

Kunsthaus Zürich [1]: Heimplatz 1, Tel. 044 253 84 84, www.kunsthaus. ch, Mi–Fr 10–20, Sa, So, Di 10–18 Uhr, Eintritt Sammlung 16/11 CHF inkl. Audioguide, Mi gratis. Wechselausstellungen 18/12 CHF, Kombiticket 23,50/ 15,50 CHF

Kontrastprogramm

Nach so vielen geistigen Genüssen gelüstet es zumeist nach leiblicher Nahrung. In unmittelbarer Nähe bieten sich dazu drei Gelegenheiten: Im **Kunsthausrestaurant** [1] (Tel. 044 251 53 53, www.kunsthausrestaurant.ch, Mo–Fr 8–24, Sa 9–24, So 8–23 Uhr) kann man sich mit mediterrane Küche stärken. Das **terroir** [2] (Rämistr. 32, Tel. 044 262 04 44, www.terroir.ch, Take-away Mo–Fr 7.30–23, Sa, So 9.30–23, Restaurant Mo–So 11.30–14, 17.30–23.30 Uhr) bietet, wie der Name andeutet, zeitgemäße Schweizer Küche aus heimischen Produkten, und wer von Kunst noch nicht genug hat, wird sich im **My Place** [3] (Hottingerstr. 4, Tel. 043 499 96 46, www. myplacedesign.ch, Mo–Fr 8–24, Sa 10–24 Uhr) wohlfühlen. Inmitten originalen Designs der 1960er- bis 1990er-Jahre kann man sich hier an Kaffee, Cocktails, Bistroküche und Tapas laben und bei Gefallen auch alles kaufen – vom Teller bis zum Stuhl!

9 | Verträumte Idylle, geschäftiges Treiben – das Oberdorf

Karte: ▶ Karte 2, B/C 3/4 | **Tram 4, 15:** Helmhaus

Die reizvollen Gässchen des Oberdorfs mit ihren zahlreichen Galerien, kleinen Geschäften und Lokalen bestechen durch einen ganz eigenen Charme. Bummeln Sie durch verträumte Winkel und gehen Sie anschließend etwas ›lädelen‹. Aber schon das Schauen alleine ist ein Vergnügen.

Über die **Kirchgasse**, an der im Mittelalter vor allem die herrschaftlichen Häuser der Chorherren und adeligen Geschlechter lagen, gelangt man ins Oberdorf. Wenn Sie es gemütlich angehen lassen wollen, können Sie in der auch bei Quartierbewohnern beliebten stilvollen **Altstadt Bar** 🔟 noch einen Espresso genießen und einen Blick in die reiche Auswahl an Zeitungen werfen.

Vorbei am Grossmünster gelangen Sie in den oberen Teil der Kirchgasse, wo sich diverse Antiquariate und Galerien angesiedelt haben. Freunde bibliophiler Bücher und alter Stiche finden bei **Eos** 🔟, das auch Musikalien führt, und **Biblion** 🔟 ein wahres Paradies zum Stöbern. Am Ende erhebt sich links das Haus **Zum Steinhaus** 🔟 (Nr. 33). Schon im 13. Jh. als Besitz der Familie Manesse belegt, befand sich hier seit 1795 das Finanzarchiv, später auch die Staatskanzlei und die Wohnung des Stadtschreibers, der 1861–1875 kein Geringerer als Gottfried Keller war. Liebhaber zeitlos schönen Designs werden allerdings ihre Aufmerksamkeit vor allem dem Geschäft **Monopol** schenken, das Designklassiker des 20. Jh. anbietet: neben Stühlen und Sesseln auch kleine Objekte und Lampen.

Der Zeit entrückt

Weiter führt der Weg in die Winkelwiese zur **Villa Tobler** 🔟. Die 1857 für den Bankier Emil Tobler-Finsler errichtete historische Villa im italienischen Stil mit der prachtvollen gusseisernen Veranda liegt in einem herrlichen Garten, dessen Kleinod ein Drachenbrunnen (1913) ist. Das qualitätvolle Jugendstilinterieur gilt als eines der schönsten in Zürich. Seit 1964 logiert hier das **Theater an der Winkelwiese** (s. S. 111).

Durch den Park gelangen Sie in den beschaulichen Teil der seit dem 15. Jh. entstandenen Neustadt mit ihren idyllischen und verwinkelten Gassen und Plätzen. Die kleinbürgerlichen Häuser mit bunten Erkern und hübschen Portalen wirken meist bescheiden, sind im Inneren jedoch oft reich ausgestattet. Nehmen Sie sich Zeit und genießen Sie die friedvolle Poesie des Ortes bei einem Bummel über die **Trittli-, Neustadt-** oder **Frankengasse.**

Die vielen bunt gemischten Läden in der **Oberdorfstrasse** und ihren Seitengassen bilden einen lebendigen Kontrast zur Ruhe der malerischen Neustadt. Egal, ob Schuhe, Bekleidung, Schmuck oder Kinderbücher: Hier ist für fast jeden etwas dabei. Verspielte Naturen und Gaukler bekommen bei **Rien ne va plus** 3 leuchtende Augen, denn hier gibt es Spiele aller Art, Pétanques, Jonglierartikel etc. Exklusive Schuhe und Taschen findet die stilbewusste Frau bei **Stefi Talman** 4, textile Kunstwerke in Form von Schals und Taschen entstehen im Atelier **Souze** 5. Ein Stück weiter verkauft **Vohdin** 6, die älteste Bäckerei Zürichs, allerlei Köstlichkeiten für die Hand in ihrem charakteristischen kleinen Ladenlokal.

Wenn die Nacht zum Tag wird

Auch Nachtschwärmer finden im Oberdorf viel Abwechslung. Die Bar **Wüste** 2 genießt Kultstatus bei Zürchern und ist entsprechend immer brechend voll. Über die Torgasse gelangt man zum **Café Odeon** 3 (s. S. 107), *dem* Literaten- und Künstlercafé der 1910er-Jahre, das noch heute durch sein Jugendstilinterieur besticht. Gegenüber lag mit dem **Café de la Terrasse** 4 (s. S. 107) die direkte Konkurrenz und der erste Treffpunkt der Dadaisten. Beide sind noch heute angesagt und ziehen allerlei illustres Publikum an.

Infos und Öffnungszeiten

Monopol Design Antiquitäten 1: Kirchgasse 33, www.monopoldesign.

ch, Mi–Fr 14–18.30, Sa 11–16 Uhr
Biblion 2: Kirchgasse 40, www.biblion.ch, Mo–Fr 10–18.30, Sa 10–16 Uhr
Rien ne va plus 3: Oberdorfstr. 34, Di–Fr 10–18.30, Sa 10–16 Uhr
Stefi Talman 4: Oberdorfstr. 13, www.stefitalman.ch, Mo 12–18.30, Di–Fr 10–18.30, Sa 11–17 Uhr
Souze 5: Scheitergasse 12, www.souze.ch, Do, Fr 11–18.30 Uhr
Bäckerei Vohdin 6: Oberdorfstr. 12, Di–Fr 7.15–18.30 Uhr
Altstadt Bar 1: Hotel Altstadt, Kirchgasse 4, tgl. 7–24 Uhr
Eos: Kirchgasse 17, www.eosbooks.ch, Di–Fr 10–18.15, Sa 10–16 Uhr
Wüste 2: Oberdorfstr. 7, Mo–Mi, So 17–24, Do 17–1, Fr 17–2, Sa 15–2 Uhr

Karte: ▶ E/F 8–11 | **Tram 2, 5, 8, 9, 11:** Bellevue

An warmen Frühlings- und Sommertagen zeigt sich hier der Zürichsee von seiner schönsten Seite – und das genießen die Zürcher scharenweise! Man flaniert am Ufer entlang zum Zürichhorn, nimmt ein erfrischendes Bad im See, kehrt ab und zu ein oder verbummelt den Tag auf der Liegewiese mit Blick über den See – kurzum: das ideale Programm für einen sonnigen Tag!

Bei keinem anderen Platz scheint ein so eklatanter Widerspruch zwischen Namen und Charakter zu bestehen wie beim **Bellevue**, das sich heute mit seinen fast nahtlosen Übergängen in den Sechseläuten Platz und den Stadelhofer Platz als ausfaserndes Areal zwischen Quaibrücke und Bahnhof Stadelhofen präsentiert, als Verkehrsknotenpunkt mit markanter **Tramwartehalle** von 1938 und als Scharnier zwischen Stadt und See.

Der Platz verdankt seinen Namen dem 1856 dort erbauten **Grandhotel Bellevue** 1, das zum Inbegriff der Belle Epoque in Zürich wurde. Nach Jahrzehnten des Verfalls erblühte es 2007 unter Regie der UBS neu und zeigt nun den Besitzern der Luxusappartments wieder das, was sein Name verspricht: einen schönen Blick über den See.

Zürichs älteste Siedlungsspuren

Nahtlos geht das Bellevue in den **Sechseläuten Platz** über, der seine Existenz den Seeaufschüttungen an der Stelle des alten Hafens unter Arnold Bürkli verdankt und auf dem im Ersten Weltkrieg Getreide und Kartoffeln angebaut wurden. Hier spielt sich alljährlich an Sechseläuten Mitte April als Ende des Umzugs der Zünfte die spektakuläre Verbrennung des Böögg ab. Je schneller bei diesem Ritual, das der Vertreibung des Winters dient, der überdi-

Übrigens: Nutzen Sie die Gelegenheit und stärken Sie sich vor dem Spaziergang am See entlang beim momentan provisorisch auf dem Sechseläuten Platz untergebrachten **Sternengrill** **1** mit der kultigen besten Bratwurst der Stadt – egal, ob es eine Cervelat oder eine St. Galler ist …

mensionale Schneemann seinen Kopf verliert, desto schöner soll der Sommer werden. Inzwischen hat sich eingebürgert, in der Asche des Scheiterhaufens, auf dem der Böögg verbrannt wurde, Würste zu grillen. 2010 wurden beim Bau des neuen Parkhauses unter dem Platz die umfangreichen und dank des feuchten Untergrundes außerordentlich gut erhaltenen Überreste stein- und bronzezeitlicher Pfahlbauten gefunden. Da aber selbst das Welterbepotential der modernen Stadtplanung nicht im Wege stehen durfte, ging nach neunmonatigen Rettungsgrabungen der Bau weiter und der Platz soll 2013 in neuem granitenem Glanz erstrahlen.

Den Abschluss des Platzes im Süden bildet das 1890/1891 erbaute **Opernhaus** **1** (s. S. 110) mit seiner üppigen neobarocken Ausstattung – von den Wiener Architekten Fellner und Helmer ursprünglich für Krakau entworfen, dort aber nie realisiert. Bis zur Eröffnung des neuen Schauspielhauses 1926 fanden hier auch Theateraufführungen statt, wie die Büsten von Goethe oder Shakespeare signalisieren, die neben Wagner und Mozart die Front zieren. Seither nur noch der Oper und dem Ballett gewidmet, genießt es inzwischen Weltruhm und lockt viele Besucher nach Zürich.

Von hier an wandelt sich das Ufer des Zürichsees immer mehr zur Promenier- und Flaniermeile, die an mehreren Bootsvermietungen und dem 1890 im maurischen Stil erbauten **Seebad Utoquai** **1** vorbeiführt. Dazwischen lohnt bei schönem Wetter ein kurzer Stopp an der **Pumpstation** **2**, auf eine Wurst oder ein Steak vom Grill.

Parks und Museen

Das erste Museum am Rande der nun beginnenden Parklandschaft, die sich bis über das Zürichhorn hinaus nach Tiefenbrunnen erstreckt, ist das **Johann Jacobs Museum** **2**. Die kleine Ausstellung ist der Kulturgeschichte des Kaffees in Europa gewidmet, voraussichtlich aber wegen Umbau noch bis Mitte 2012 geschlossen.

Die Kunstgewerbesammlung des Museums für Gestaltung (s. S. 77) beherbergt das **Museum Bellerive** **3**, das sehr sehenswerte Wechselausstellungen zu den unterschiedlichsten Themen präsentiert – von Uhren über Strickwaren bis hin zu Kleidern aus Papier.

In unmittelbarer Nachbarschaft ist das farbenfrohe **Heidi-Weber-Haus** **4** kaum zu übersehen. Das letzte Gebäude, an dem Le Corbusier bis zu seinem Tod 1965 für seine namengebende Mäzenin baute, ist für ihn vollkommen untypisch, greift es doch auf Stahl und Glas statt auf Beton und Stein als Baumaterialien zurück. Das vorfabrizierte Dach scheint über der kubischen Stahlskelettkonstruktion gleichsam zu schweben. Die Ausstellung ist ganz dem (in erster Linie grafischen) Werk Le Corbusiers gewidmet.

Der kleine **Chinagarten** **5** bildet, wenn es einmal an schönen Sommertagen am Zürichhorn zu trubelig wird, eine Oase der Ruhe. Er ist ein Dankeschön der Partnerstadt Kunming an Zürich für die Unterstützung beim Bau der Wasserversorgung. Auf kleinstem Raum ist alles nach den Kriterien eines klassischen chinesischen Gartens aufgebaut – von der Aufteilung der Flächen über die Gestaltung der Pavillons bis hin zum Berg am Eingang, der das Eindringen böser Geister verhindern soll.

Das **Zürichhorn**  wurde von den Ablagerungen des Wildbachs gebildet, der heute kanalisiert als Hornbach in den See mündet. Hier fanden 1939 Teile der Landesausstellung statt, wovon die legendäre, aber leider baufällige Fischstube zeugt, die 2012 abgerissen und dann in ursprünglicher Form neu

errichtet werden soll. Im So das **OrangeCinema** (s. Kinogenuss mit Blick auf den See. Ein deutlicher Wermutstropfen ist, dass durch die Tribünen die kinetische Plastik **Heureka** von Jean Tinguely ins Abseits gestellt wird. Aber vielleicht ist gerade dieser Umgang mit ihr symptomatisch für die in ihrer ziellosen Bewegung nutzlose Konsumgesellschaft, die sie symbolisiert.

Infos und Öffnungszeiten

Johann Jacobs Museum : Seefeldquai 17, Tel. 044 388 61 51, www.johann-jacobs-museum.ch; Eintr. 5/3 CHF
Museum Bellerive : Höschgasse 3, tgl. außer Mo 10–17, Do 10–20 Uhr, Tel. 043 446 44 69, www.museumbellerive.ch, Eintritt 9/6 CHF
Heidi-Weber-Haus : Höschgasse 8, Juli–Sept. Sa, So 14–17 Uhr, Tel. 043 446 44 69, www.lecorbusier-center.com, Eintritt 15/10 CHF
Chinagarten : Ende März–Ende Okt. tgl. 11–19 Uhr, Eintritt 4/1 CHF
Sternengrill : Sechseläuten Platz, tgl. 10.30–24, Fr, Sa 10.30–1 Uhr, Bratwurst ab 6 CHF
Pumpstation : Utoquai 10, bei Regen geschlossen, Tel. 044 260 96 69, www.pumpstation.ch, Wurst ab 8 CHF
Opernhaus : Anmeldung zu Führungen Tel. 044 268 66 66 (Termine unter www.opernhaus.ch, 10/7 CHF)
Seebad Utoquai : Mitte Mai–Mitte Sept. tgl. 7–11 Uhr, dann je nach Witterung, Tel. 044 251 61 51, Eintritt 7 CHF

Italienische Küche und Literatur

Bei **Cucina e Libri** (Fröhlichstr. 39, Tel. 044 383 21 39, www.cucinalibri.ch, Mi–Sa 19–23.30 Uhr, Hauptgerichte ab 28 CHF) serviert der renommierte Kochbuchautor Carlo Bernasconi feine italienische Küche in heimeligem Ambiente.

Bootsvermietungen

Lago (Utoquai 6, www.lago-zuerich.ch) und **Seefeld** (Seefeldquai 8, www.bootsvermietung-seefeld.ch) vermieten in erster Linie Pedalos, aber auch Ruder-, Motor- und sogar Solarboote sowie Zubehör (Kühlboxen etc.); Preise für Pedalos ab ca. 25 CHF/Std., Motorboote ab 55 CHF/Std.

11 | Gepflegte Parks und Strandbäder – das westliche Seeufer

Karte: ▶ C/D 8–12 | **Tram 2, 5, 8, 9, 11:** Bürkliplatz

Ein Park reiht sich an den anderen am westlichen Ufer des Zürichsees – zu Fuß gerade einmal 15 Minuten von der Quaibrücke und nur ein paar Schritte vom Wasser entfernt. Wer lieber das kühle Nass genießen will, hat die Wahl zwischen dem Seebad Enge und dem kleinen Sandstrand am Mythenquai.

Wer heute von der 1884 fertiggestellten **Quaibrücke** dem Seeufer nach Südwesten und Süden folgt und dabei das Grün der Anlagen und die schönen Ausblicke genießt, hat dies in erster Linie dem visionären Stadtplaner Arnold Bürkli zu verdanken. Als Reaktion auf die Pläne, die Eisenbahn direkt am Zürichsee entlang zu führen und so die Stadt durch einen ›Eisernen Ring‹ vom Seeufer abzuschneiden, ließ er weite Bereiche längs des Ufers aufschütten. Dazu zählt auch der heute nach ihm be-

nannte Platz gegenüber der **Schiffländde** , an der die Ausflugsschiffe zu den Fahrten über den See starten, seit der alte Anlegeplatz am Hechtplatz durch die Quaibrücke vom See abgeschnitten ist. Wenn Sie den Spaziergang an einem Dienstag- oder Freitagmorgen beginnen, können Sie auf dem **Bürklimäärt**  gleich noch in der üppigen und appetitlichen Auswahl eines der schönsten Zürcher Wochenmärkte schwelgen und sich ein bisschen Proviant fürs Picknick in einem der Parks mitnehmen.

Nebenan liegt das Grandhotel **Baur au Lac** , in dem, neben ungezählten anderen Prominenten, schon Kaiserin Sissi, Wilhelm II. oder Carl XVI. Gustaf logierten. Gleich jenseits des Schanzengrabens wurde 1895 die den Pariser Trocadéro imitierende ›**Neue‹ Tonhalle** errichtet, die jedoch bereits zur Schweizerischen Landesausstellung 1938/1939 dem Neubau des **Kon-**

gresshauses **1** weichen musste. Einzig und allein der **Grosse** und der **Kleine Tonhallensaal,** die sich insbesondere durch eine fantastische Akustik auszeichnen, überdauerten und wurden in den Neubau integriert (s. S. 112).

Ein paar Meter weiter beginnt das Grün, das offiziell den Namen des großen Gestalters Bürkli trägt, das aber jeder bei seinem volkstümlichen Namen nennt: **Arboretum** **2** . Der namengebende alte Baumbestand rahmt und beschattet große Rasenflächen, auf denen im Sommer nicht nur die Mitarbeiter der nahe gelegenen Versicherungen ihre Mittagspause genießen.

Herrschaftliche Villen und Parks

Das **Quartier Enge** war beim Zusammenschluss mit Zürich 1893 die reichste Gemeinde der neuen Stadt. Die Wurzeln seiner heutigen Struktur liegen in der Mitte des 19. Jh., als sich hier Gewerbe- und Industriebetriebe ansiedelten. Zugleich ließen sich hier aber auch die Unternehmer nieder und bildeten mit den Arbeitern eine sehr heterogene Bevölkerung. Ihre Spuren in Form von herrschaftlichen Villen inmitten von Parks sind noch heute zu bewundern.

Wahrzeichen des Quartiers ist die gleichnamige **Kirche Enge** **3**, die sich am Hang über einer beeindruckenden Treppenanlage erhebt. 1892–1894 von Alfred Friedrich Bluntschli erbaut, ist sie eine der bedeutendsten Neorenaissance-Kirchen der Schweiz, deren ansonsten recht schlichtes, düsteres Inneres mit typisch historistischen Deckengemälden geschmückt ist. Lohnend ist ihr Besuch jedoch in erster Linie wegen der fantastischen Aussicht, die sich vom Portal aus bietet.

An ersten Weinbergen vorbei, führt der Weg zur im italienischen Stil errichteten **Villa Wesendonck** (1853–1857), deren namengebender einstiger Besitzer dem Komponisten Richard Wagner in einem Nachbargebäude ein »Asyl auf dem Grünen Hügel« gewährte, in dem die Urschrift von »Tristan und Isolde« entstand. Die Villa beherbergt heute das **Museum Rietberg** **4** , eine Sammlung außereuropäischer Kunst von Weltrang, deren Kern auf die Kollektion des schillernden Nicht-nur-Kunstsammlers Eduard von der Heydt zurückgeht. Im allein schon architektonisch sehenswerten Erweiterungsbau **Smaragd** (2004–2007) werden herausragende Exponate regelrecht inszeniert, darunter faszinierende afrikanische Masken oder ein Schultertopf mit Drachendekor, der als bedeutendstes chinesisches Cloisonné-Kunstwerk (eine besondere Emaille-Technik) gilt. Aber auch die Sammlungen tibetischer Buddha-Statuen oder orientalischer Teppiche sind sehenswert. Vom äußersten südlichen Ende des Parks bietet sich ein schöner Blick über den See.

Etwas unterhalb erstreckt sich als Oase der Ruhe mit mächtigem exotischem Baumbestand der **Belvoirpark,** darin eingebettet und längst kein Geheimtipp mehr das gleichnamige ausgezeichnete **Restaurant der Hotelfachschule** **1** (s. S. 94). Am früheren Seeufer, dessen Verlauf eine Reihe Linden markiert, rollt sich heute im **Park des Muraltenguts** **5** ein 100 m langer roter Teppich aus Floribunda-Rosen für offizielle Gäste der Stadt Zürich aus. Das ursprünglich barocke Landgut, 1777–1782 von Johannes Werdmüller erbaut, erhielt seinen heutigen Namen nach dem Bürgermeister Hans Konrad von Muralt, der es 1825 erwarb.

Lebende Wasserspeicher

Wieder nahe am See lohnt die **Sukkulenten-Sammlung** **6** einen Abstecher – allerdings am besten nicht im Hochsommer, denn dann wird es in den Schauhäusern, die mit ca. 9 000 Arten mehr als die Hälfte aller bekannten Sukkulenten-Spezies beherbergen, ziemlich warm. Die Vielzahl der hier gezeigten Arten reicht von Kakteen, Opuntien oder Aloen über Lebende Steine bis hin zu deutlich weniger bekannten Arten. Faszinierend ist aber insbesonders sich anzuschauen, in welch unterschiedlichen Formen bei den keineswegs immer Dornen tragenden Pflanzen die Fähigkeit ausgeprägt ist, das zu tun, was ihnen gemein ist, nämlich Wasser zu speichern. Von Zeit zu Zeit werden überzählige Stecklinge aus dem Bestand verkauft.

Infos und Öffnungszeiten

Bürklimäärt: Wochenmarkt auf dem Bürkliplatz, Di, Fr 6–11 Uhr

Kirche Enge 3 : geführte Turmbesteigungen Ende Mai–Sept. jeden zweiten Do 17 Uhr

Museum Rietberg 4 : Gablerstr. 15, Tel. 044 206 31 31, www.rietberg.ch, Di, Fr–So 10–17, Mi, Do 10–20 Uhr, Eintritt Sammlung 12/10 CHF, inkl. Sonderausstellung 16/12 CHF

Sukkulenten-Sammlung 6 : Mythenquai 88, Tel. 043 344 34 80, www.foerderverein.ch, tgl. 9–16.30 Uhr

Badeplätze und Orte für den Sundowner

Nach dem Ausflug in die trockenen Regionen der Erde bietet der nahe gelegene Zürichsee willkommene Abkühlung: entweder in Form des **Strandbads Mythenquai** 1 (Mythenquai 95, Tel. 044 201 00 00, Mitte Mai–Mitte Sept. tgl. 9–11 Uhr, dann je nach Witterung, Eintritt 7/3,50 CHF) mit Sprungturm und 250 m Sandstrand oder als schwimmendes **Seebad Enge** 2 (Mythenquai 9, Tel. 044 201 38 89, www.tonttu.ch, Mitte Mai–Mitte Sept. 9–19 Uhr, Eintritt 7 CHF) mit Sauna. Sie können aber auch weiter am See entlang nach Süden spazieren und den Tag in der **Roten Fabrik** 2 (s. S. 109) oder dem **Ziegel oh Lac** 2 (s. S. 96) ausklingen lassen.

Karte: ▶ Karte 1, A–C 6/7 | **Tram 2, 3, 8:** Stauffacher

Zur Zeit der Industrialisierung erlebte Zürich eine neue Blüte und westlich der Sihl entstand im 19. und 20. Jh. ein neues Quartier für die Arbeiter, die in die Stadt und die Fabriken strömten. Entdecken Sie bei einem Streifzug durch Aussersihl eine ganz neue Seite von Zürich und ein alles andere als tristes Vorstadtleben.

1787 wurde Aussersihl als selbstständige, von landwirtschaftlicher Nutzung geprägte Gemeinde mit gerade mal 558 Einwohnern konstituiert. Bei der Eingemeindung 1893 lebten hier bereits 30 248 Menschen und zwanzig Jahre später hatte Aussersihl mit 42 % den höchsten Bevölkerungsanteil der Stadt. Die rasche Verstädterung hatte das Gesicht des Quartiers zu diesem Zeitpunkt vollkommen verändert. Seit 1847 durchquert die Eisenbahnlinie das Sihlfeld und

die laute, verrußte Umgebung des Vorbahnhofs galt als schlechtes Wohngebiet. Hinzu kam ein oft maroder Baubestand mit mangelhaften hygienischen Bedingungen, der billige Unterkünfte bot. Die Konzentration der Unterschicht im ärmlichen Aussersihl zog die in bürgerlichen Quartieren unerwünschte Ansiedlung industrieller Anlagen nach sich. 1878 gab es hier bereits 13 Betriebe, was zu einem rasanten Anstieg der Bevölkerung führte, darunter viele Ausländer. Zu Beginn des 20. Jh. hatte es sich in ein gesichtsloses Quartier verwandelt, dessen Bevölkerung eine neue soziale Schicht, das Proletariat, bildete. Es kam zu einer Verschärfung der gesellschaftlichen Gegensätze und zur Radikalisierung des Proletariats, die Aussersihl zur Hochburg der Arbeiterbewegung werden ließ.

Auch heute wohnen hier eher Geringverdiener und durch den hohen Ausländeranteil ist Aussersihl ein multikulturelles Quartier geblieben, das jedoch seit einigen Jahren viele Kreative anzieht, die es zu einem vitalen urbanen Trendquartier machen.

Karl Geisers Arbeiterfamilie erinnert an die sozialen Umbrüche im 19. Jh.

Wiege der Schweizer Sozialdemokratie

Die **St. Jakob Confiserie** **1** ist eine ideale Adresse, um sich mit Proviant zu versorgen: Eine reiche Auswahl an Törtchen, Sandwiches und Quiches sind im Angebot, im Sommer fantastisches Eis.

Der Weg führt vorbei an der im Stil der Neorenaissance erbauten Kirche **Offener St. Jakob** **1** (s. S. 76) zum 1910 eingeweihten **Volkshaus** **2**. Als Zentrum der Arbeiterkultur und -bildung diente es der Förderung von Gesundheit und Sittlichkeit des Volkes und verfügte über eine Badeanstalt, Veranstaltungsräume, ein alkoholfreies Restaurant, eine Bibliothek und Büros für Arbeiterunion und Gewerkschaftler. So war es nur folgerichtig, dass Lenin hier 1917 zu den Genossen über Revolution und Klassenkampf sprach. Heute ist das Haus ein beliebter Begegnungs- und

Veranstaltungsort für Tagungen, Konzerte, Partys und kulturelle Feste. Das **Café Bar Restaurant Volkshaus** **1** lädt im schönen Ambiente eines Kaffeehauses zur Stärkung.

Auf dem **Helvetiaplatz** **3** erinnert die Bronzeplastik einer Arbeiterfamilie (1952) von Karl Geiser an die Zeit der Arbeiterbewegung und noch immer finden hier regelmäßig am 1. Mai politische Kundgebungen statt. Aber nicht nur das: Zusammen mit dem **Kanzleiareal** vis-à-vis fungiert das Areal als Begegnungs- und Kulturzentrum der Stadt. Hier findet wöchentlich ein **Gemüse- und Flohmarkt** statt und im Sommer das ausgelassene **Latin Music Festival Caliente.**

Um das städtische Erscheinungsbild und die Platzausnutzung zu optimieren, verfügte der Kanton 1863 eine kompakte, geschlossene Überbauung entlang der Straßen mit Kleingewerbebetrieben in den Innenhöfen. Typische Beispiele für diese Blockrandbebauungen sind die späthistoristischen Mehrfamilienhäuser entlang der **Stauffacherstrasse** (Nr. 127–149). Hier liegt auch die um 1900 angelegte **Aussersihler Anlage** **4**, neben der Exerzierwiese vor der Kaserne lange die einzige größere Parkanlage in Aussersihl. Noch heute ist sie im Sommer eine beliebte Erholungsoase im Quartier. Daneben liegt das **Schulhaus Feld** **5** (1895), eines der ersten großen Schulhäuser Zürichs. Es galt wegen seiner separaten Turnhalle und seines Sing- und Zeichensaals als sehr fortschrittlich.

Mietskasernen

Bis 1907 gab es in ganz Zürich nicht mehr als 37 Häuser mit mehr als zehn Wohnungen, ein Großteil davon in Aussersihl. Mietskasernen können sie jedoch noch nicht genannt werden. Erst ab den 1920er-Jahren baute man genossenschaftliche Siedlungen in der typischen Blockrandbebauung, die hinter den Gleisen mit dem **Erismannhof** 6 beginnen. Auf Initiative des Vorstehers des Gesundheitswesens Huldrich Friedrich Erismann (1842–1915) entstand eine mietkostengünstige Siedlung aus fünf durch Torbauten verbundenen Wohnblöcken, die einen großen, begrünten Hof mit Kindergarten umschließen.

Über den Hof gelangt man zur Ernastrasse, an der linker Hand die **Kolonie V** 7 von 1931 liegt, bestehend aus 25 viergeschossigen Häusern, die einen durchgehenden Block bilden. Schlanke Treppenhäuser setzen vertikale Akzente, die Eingänge zieren vegetabile Ornamente oder Liegefiguren. Der Weg führt weiter zur 1927–1929 errichteten **ABZ-Wohnkolonie Sihlfeld** 8, an der die Malereien mit bäuerlichen Motiven von Wilhelm Hartung auffallen, Ausdruck der Sehnsucht nach einem Leben in ländlicher Idylle, die die Siedlungen selbstredend nicht boten.

Die 1949/50 erbaute Kirche **St. Felix und Regula** 9 des Architekten Fritz Metzger ist ein Schlüsselwerk des katholischen Kirchenbaus der Nachkriegszeit: Ein niedriger, querovaler Gemeinderaum, überspannt von der damals flachsten, aus einer Betonschale bestehenden Kuppel der Schweiz, wird in der Achse durch das Portal und den Chor erweitert. Die Architektur trug der Forderung Rechnung, die Gemeinde enger mit dem Altar zu verbinden.

An der Bullingerstrasse liegt mit dem **Bullingerhof** 10 von 1931 die erste städtische und zugleich größte Siedlung. Sie bot als erste Badezimmer in allen Wohnungen. Die schlichten Fassaden werden von den Treppenhaus- und Küchenlaubenrisaliten rhythmisiert und das neuartige Aufbrechen des Blockbaus an den Ecken sorgt für mehr Licht in den Wohnungen.

Der erste bürgerliche Friedhof
Am Ende der Zypressenstrasse liegt der **Friedhof Sihlfeld** 11. 1877 eröffnet und nach Plänen Arnold Geisers in Anlehnung an den Wiener Zentralfriedhof gestaltet, wurde er bis 1964 sukzessive erweitert. Er stand Personen jeglicher Religion offen. 1887 folgte der Bau des ersten Krematoriums der Schweiz. Durch die klassizistische Portalanlage betritt man den ältesten Teil mit seinen eindrucksvollen Grabmälern. Alleen, Hecken und Wiesenflächen verwandeln das gesamte Areal in einen weitläufigen Park und eine der größten Grünanlagen Zürichs. Viele Schweizer Persönlichkeiten wurden hier bestattet, darunter Gottfried Keller, Johanna Spyri, August Bebel und Henri Dunant.

Infos und Öffnungszeiten
St. Jakob Confiserie 1: Badenerstr. 41, Tel. 044 241 41 41, www.st-jakob.ch, Mo–Fr 7.30–18.30, Sa 8–17 Uhr
Café Bar Restaurant Volkshaus 1: Stauffacherstr. 60, Tel. 044 242 11 55, So–Di 8–24, Mi–Sa 8–3 Uhr
St. Felix und Regula 9: Hardstr. 76, www.felixundregula.ch, Mo–Fr 8.30–17, So 8.30–12.30 Uhr
Friedhof Sihlfeld 11: Aemtlerstr. 151, März–April, Sept.–Okt. 7–19, Mai–Aug. 7–20, Nov.–Feb. 8–17 Uhr

Stilvoll speisen
Marktfrische regionale Küche auf Haubenniveau bietet das **Restaurant Helvetia** 2 (Stauffacherquai 1, Tel. 44 297 99 99, www.hotel-helvetia.ch, Mo–Fr 11.30–14, Mo–Sa 18.30–24 Uhr, ab 32 CHF). Der Klassiker ist Hackbraten mit Kartoffelstock.

odernes Design in der Boom-Town – Zürich-West

Karte: ▶ B/C 4/5 | **Tram 4, 13, 17:** Escher-Wyss-Platz

Nirgendwo verändert sich Zürich momentan so stark wie im alten Industriequartier rund um die Hardbrücke. Hier ist alles im Umbruch: die Bögen eines Bahnviadukts werden zur Einkaufsmeile, eine alte Brauerei beherbergt Museen und Galerien, aus Industriehallen werden Theater oder Erlebniszentren und überall wachsen modernste Gebäude in den Himmel.

Das ganze Gelände der heutigen Boom-Town, damals noch zu Aussersihl gehörend, entstand seit 1875 als Industriequartier nach Plänen des großen Stadtplaners Arnold Bürkli. Dominiert wurde das Escher-Wyss-Quartier von der namengebenden Fabrik, deren Wurzeln jedoch bis in die ersten Jahre des 19. Jh. zurückreichen – damals befand sich ihr Sitz noch nahe dem Haupt-

bahnhof am Neumühlequai. Gegründet als Textilfabrik, wandelte sie sich, als keine Maschinen mehr aus England zu bekommen waren, zur Maschinenfabrik. Ab 1893 wurde der Sitz in die Nähe des Hardturms verlagert, wo ein Jahrhundert lang Turbinen, Dampfschiffe und Kraftwerke für den Weltmarkt produziert wurden. Neben der alten Gießerei und der Schiffbauhalle bestimmen heute moderne und ultramoderne Gebäude das Quartier, dessen in den 1970er-Jahren begonnene Metamorphose noch in den 1980er-Jahren von einer anarchischen Subkultur geprägt wurde und wohl in den nächsten Jahren gemäß dem groß angelegten Masterplan vollendet wird.

Moderne Kunst und Shopping

Dreh- und Angelpunkt des Quartiers ist der **Escher-Wyss-Platz** **1** unter der **Hardbrücke**, deren brachiale Betonkonstruktion auch durch die Einbeziehung in den Plan Lumière kaum schöner wird.

Ganz in der Nähe beherbergt das ehemalige **Löwenbräu-Areal** 2 mit seiner für Brauereien im ausgehenden 19. Jh. typischen ›Schlösschen-Architektur‹ gleich zwei Schwergewichte der Kunstszene, die sich beide auf die zeitgenössische Kunst konzentrieren und vorwiegend Wechselausstellungen zeigen. Das **migros museum für Gegenwartskunst** versucht, sich durch die Vermittlung von Kunst als dynamischem, fließendem Prozess von anderen Museen abzuheben. Die **Kunsthalle Zürich**, von »Capital« als eines der 100 weltweit bedeutendsten Museen eingestuft, konzentriert sich auf die monografische Präsentation oft noch unbekannter Künstler. Da das Areal derzeit nach Plänen von Gigon/Guyer umgestaltet und die Brauerei teilweise abgerissen wird, befinden sich beide Museen, wie auch die fünf auf dem Areal beheimateten Galerien, voraussichtlich bis zum Frühjahr 2012 im ›Exil‹ (s. S. 67).

Dass eine Verkehrsachse die Umgebung nicht wie die Hardbrücke erschlagen muss, sondern sie auch beleben kann, zeigen der **Aussersihler** und der **Lettenviadukt** 3 Ersterer trägt nach wie vor Bahngleise, Letzterer wurde mit dem Bau der S-Bahn 1990 stillgelegt und zum Fuß- und Radweg umgewidmet. Auf ihm lohnt sich bei schönem Wetter ein Abstecher zur Erfrischung im **Freibad Unterer Letten** 1 .

Shoppingerlebnis pur auf 500 m Länge bieten die 52 Bögen des Aussersihler Viadukts, die seit dem Frühjahr 2010 unter dem Schlagwort **Im Viadukt** 1 Läden, Restaurants und Cafés beherbergen. Hier findet man alles von Secondhand-Kleidung (Caritas, Bogen C) bis zum Edel-Bike (stilrad Pasculli, Bogen A), darunter auch Trendlabels wie Billabong (Bogen 32), amalgan (Bogen 30) oder Kitchener + (Bogen 19). Zwischen die sich gabelnden Viadukte wurde die erste gedeckte **Markthalle** 2 der Schweiz gebaut, deren Läden und Stände ein kleines, aber feines, nicht immer günstiges Sortiment bieten.

Auf der Ostseite des Viadukts öffnet sich die **Josefwiese** 4 , die einzige frei zugängliche größere Grünfläche im Kreis 5. Bei schönem Wetter tummelt sich das halbe Quartier auf der Anfang der 1920er-Jahre angelegten ›Josi‹, die ursprünglich von Kastanien und Ulmen gesäumt wurde.

Das Pflaster für After-Work-Parties und Nightlife

Der weitgehende Abbruch der 1880 als Pionierunternehmen im Kreis 5 gegründeten Seifenfabrik Steinfels und die Neubebauung des **Steinfels-Areals** in den 1990er-Jahren waren der Startschuss für den Aufbruch in Zürich-West. Hier entstanden die ersten Loft-Wohnungen Zürichs, ein Multiplexkino, Restaurants und Büros. Der **Wolkenbügel** 5 , ein 160 m langes ›horizontales Hochhaus‹, stellt eine quasi über den anderen Gebäuden schwebende Ein-

Übrigens: Nahe der Hardbrücke erhebt sich der wohl ungewöhnlichste Laden Zürichs neun Container hoch in den Himmel: der **Freitag Flagship Shop** 3 . In der recycelten Hülle gibt es die Kult-Taschen aus LKW-Planen in breiter Auswahl. Schon alleine wegen der Aussicht von der ›Dachterrasse‹ lohnt sich ein Besuch. Nur eine Fernglasweite entfernt entstand die revolutionäre Idee der Brüder Markus und Daniel Freitag beim Truckspotting (Geroldstr. 5, www.freitag.ch, Mo–Fr 11–19.30, Sa 11–17 Uhr).

heit dar, greift aber die auf El Lissitzky zurückgehende Idee des »Wolkenbügels« mit deutlich überkragenden obersten Stockwerken längst nicht so konsequent auf wie beispielsweise die Kölner Kranhäuser.

Wenn Sie durch das Areal streifen, sollten Sie unbedingt im **Steinfels** ▮ einkehren, um ein dort gebrautes Bier zu trinken. Wenn es schon früher Abend ist, lohnt sich der Besuch der Bar **Hard One** ▮ – nicht nur, weil man durch die Fenster und von der Dachterrasse einen tollen Blick über Zürich-West hat. Hier trifft sich bei Champagner und handgerollten Zigarren an einer der längsten Theken der Stadt ein gemischtes, jung gebliebenes Publikum zum Apéro. Und danach kann der Abend im **Abaton** ▮ (www.kitag.com) mit einem aktuellen Film ausklingen.

Einen kurzen Besuch lohnt das kleine **Infocenter Zürich-West** ▮, das die Entwicklung von und die weiteren Planungen für Zürich-West veranschaulicht. Fast nebenan wurden bis in die 1980er-Jahre Raddampfer produziert, woran »Die Schiffsschraube« von Bernhard Luginbühl noch erinnert. Heute

wird der **Schiffbau** ▮ (s. S. 111) vom Schauspielhaus Zürich als Proben- und Spielstätte genutzt und beherbergt den Jazzclub **Moods** (s. S. 109) und das Nobelrestaurant **La Salle**.

Direkt um die Ecke breitet sich der größte Platz von Zürich aus, der **Turbinenplatz** ▮. Tagsüber können 14 000 m² ziemlich leer wirken, nachts, in Orange, Blau und Violett getaucht, eher außerirdisch und bei Open-Air-Konzerten ziemlich voll. Auf der Nordseite schließt das **Puls 5** ▮ den Platz ab, dessen Kern die alte Gießereihalle der Escher-Wyss-Fabrik bildet. Wie um einen Innenhof gruppieren sich darin mehrere Geschäfte und Restaurants. Zumindest der **Gnüsserei** mit ihrer originellen Ausstattung aus der ehemaligen Gießerei, ausgezeichnetem Essen und einem gehobenen Feinkostsortiment sollten Sie einen Besuch abstatten. Im Westen begrenzt der **Technopark Zürich** ▮ den Turbinenplatz, 1988–1992 als erstes großes neues Gebäude im Quartier Escher Wyss gebaut. Seine drei Riegel beherbergen etwa 240 Unternehmen, darunter viele erfolgreiche Startups.

Originelle Graffiti – Reminiszenz an die anarchische Vergangenheit von Zürich-West

Infos und Öffnungszeiten

migros museum für Gegenwarts-kunst: Limmatstr. 270, Tel. 044 277 20 50, www.migrosmuseum.ch, Di, Mi, Fr 12–18, Do 12–20, Sa, So 11–17 Uhr, Eintritt 8/4 CHF. **Achtung:** Bis voraussichtlich Frühjahr 2012 im Ausweichquartier, Hubertus-Areal, Albisrieder Str. 199 A!

Kunsthalle Zürich: Limmatstr. 270, Tel. 044 272 15 15, www.kunsthalle zurich.ch, Di, Mi, Fr 12–18, Do 12–20, Sa, So 11–17 Uhr, Eintritt 8/4 CHF, Do 17-20 Uhr Eintritt frei. **Achtung:** Bis voraussichtlich Frühjahr 2012 im Ausweichquartier, Bärengasse 20–22!

Infocenter Zürich-West 6 : Hardstr. 301, Tel. 043 960 33 28, Mi–Fr 11.30–18, Sa 10–16 Uhr

Steinfels 1 : Theaterstr. 22, Tel. 044 271 10 30, www.steinfels-zuerich.ch, So–Do 10.30–24, Fr, Sa 10.30–1 Uhr

La Salle: Schiffbaustr. 4, Tel. 044 258 70 71, www.lasalle-restaurant.ch, tgl. 11–24, Fr, Sa 11–2 Uhr, ab 28 CHF

Gnüsserei: Giessereistr. 18, Tel. 044 440 00 01, www.gnuesserei.ch, Mo–Fr 8–23, Sa, So 9–23 Uhr, Wein, Spirituosen, Kaviar, Pasta und mehr; Hauptgerichte ab 25 CHF

Im Viadukt 1 : www.im-viadukt.ch, unterschiedliche Öffnungszeiten

Markthalle Im Viadukt 2 : Mo–Do 10–20, Fr, Sa 8–20 Uhr

Freibad Unterer Letten 1 : Wasserwerkstr. 141, Mitte Mai–Mitte Sept. je nach Witterung, Tel. 044 362 10 80, Eintritt frei, Bar Di 20.15–24 Uhr, im Juli Kino »Filmfluss« (www.filmfluss.ch)

Hard One 1 : Theaterstr. 12, Di–Do 18–2, Fr 18–4, Sa 21–4. Fr, Sa Konzerte und DJs

Treffpunkt des Quartiers

Ein ganz spezielles Ambiente mit Mobiliar aus dem Brockenhaus bietet das

Les Halles 2 (Pfingstweidstr. 6, Tel. 044 273 11 25, www.les-halles.ch, Mo–Do 11–24, Fr 11–1, Sa 11–2, So ab 17 Uhr, ab 20 CHF). Hier treffen sich mittags die Berufstätigen aus dem Quartier, abends ein jüngeres Publikum. Besonders empfehlenswert sind die Moules Frites, aber auch die anderen Gerichte unterstreichen den etwas abgehalfterten Pariser Charme. Irgendwie stört nur der kleine italienlastige Feinkostladen das Gesamtbild – sein exzellentes Sortiment wiegt das Manko aber leicht auf.

Feine Schweizer Küche

In der **Alpenrose 3** (Fabrikstr. 12, Tel. 044 271 39 19, Mi–Fr 11–24, Sa 18.15–24, So 18.15–23 Uhr, ab ca. 26 CHF), einem heimeligen Quartierlokal mit stilvollem, nostalgischem Interieur, dunklem Holztäfer und Stuckdecken, schwelgt man im Besten, was die Kantone kulinarisch zu bieten haben. Für die zeitgemäße Zubereitung werden Schweizer Produkte, möglichst in Bioqualität, verarbeitet. Die Ergebnisse zergehen auf der Zunge.

Party-Locations ohne Ende

Rund um den **Escher-Wyss-Platz** sind einige der angesagtesten Zürcher Clubs verstreut, die für jeden Geschmack etwas bieten: In französisch-asiatischem Ambiente legen im Club **Indochine 4** (s. S. 108) internationale Top-DJs auf. Der Treffpunkt für Gays ist die **Labor-Bar 5** (s. S. 110), in der wöchentlich auch die TV-Sendung von Kurt Aeschbacher gedreht wird. In der Geroldstrasse logieren gleich zwei Clubs: Das **Hive 6** (s. S. 108), das ein eher älteres Publikum anspricht, und der **Supermarket 7** (s. S. 109), der zum Urgestein der Clubszene in Zürich-West gehört.

Karte: ▶ Karte 3, D 3 | **Schiffsanlegestelle:** Bürkliplatz

An einem sonnigen Tag gibt es kaum etwas Entspannenderes, als bei einer Schiffstour die kühle Brise und den Blick auf die schneebedeckten Alpen zu genießen. Zum Beispiel bei einer Fahrt in die Rosenstadt Rapperswil-Jona. Zu einem besonderen Erlebnis wird der Ausflug mit einem der alten Raddampfer.

Ein auch bei Einheimischen beliebtes Ziel für einen Sommerausflug ist die historische Stadt Rapperswil-Jona am oberen Zürichsee. Die knapp zweistündige Fahrt führt vorbei an malerischen Seegemeinden, Weinbergen und den bewaldeten Hängen von Albis, Zimmerberg und Pfannenstiel. Schon von Weitem empfängt den Besucher das reizvolle Panorama der von Burg und Pfarrkirche überragten, um 1200 von den Grafen von Rapperswil gegründeten Stadt vor der Kulisse schneebedeckter Berge. Seit 1803 gehört Rapperswil zum Kanton St. Gallen, 2007 folgte der Zusammenschluss mit der Gemeinde Jona.

Mediterraner Hauch

Gleich bei der Ankunft verführt die **Seepromenade 1** den Besucher mit ihrem südländischen Charme zum Flanieren. Damit ist der Reiz Rapperswils aber nicht erschöpft, denn die mittelalterliche Altstadt lockt mit malerischen Gassen.

Vom Seequai führt die Seestrasse zum **Hauptplatz** mit dem 1419 erstmals erwähnten **Rathaus 2**, dem Herzen von Rapperswil, wo zahlreiche Cafés dazu einladen, das mediterrane Flair der Stadt zu genießen. An seinem Ende führt eine Treppe hinauf zum Burghügel und der 1253 erbauten Pfarrkirche **St. Johann** 3 . Nach einem Brand im Jahre 1882 blieben nur die beiden Türme im romanischen und gotischen Stil erhalten, die übrige Kirche wurde im neogotischen Stil wiedererrichtet und zu Beginn des 20. Jh. ausgemalt. Sie beherbergt vier sehenswerte Renaissancealtäre und einen wertvollen Kirchenschatz. Gleich daneben liegt die 1489 erbaute **Liebfrauenkapelle.**

Durch einen Torbogen führt der Weg zur 1229 erstmals erwähnten und später mehrfach umgebauten **Burg** 4 . Die dreieckige Anlage wird heute von Bergfried (Gügelerturm), fünfeckigem Uhrturm und Pulverturm dominiert. Zunächst Sitz der Grafen, später der Vögte, diente sie 1798–1820 als kantonales Gefängnis und später zeitweise als Mietskaserne. Seit 1975 befindet sich hier das **Polnische Nationalmuseum,** das Einblick in die Geschichte, Kunst und Kultur Polens vermittelt.

Im Zeichen der Rose

Vom **Lindenhof** 5 aus bietet sich ein schöner Blick über Altstadt, See und das **Kapuzinerkloster** 6 von 1606. Eine steile Treppe am Ende des Burgbergs führt zu ihm und zwei herrlichen **Rosengärten** 7 hinab, den Wahrzeichen der Stadt. 1965 wurde direkt unterhalb der Rebhänge des Burgbergs der erste Rosengarten angelegt, zehn Jahre später folgte ein Zweiter beim Einsiedlerhaus, dem ein alter Brunnen einen anmutigen Reiz verleiht. Heute blühen ab Juni in der gesamten Stadt mehr als 15 000 Rosen in 600 Sorten.

Von den Rosengärten am Kloster aus können Sie gut in die verwinkelten Gassen der malerischen Altstadt eintauchen. So führt die Endingerstrasse vorbei an dem mit barocken Malereien verzierten **Curti-Haus** 8 zur **Hintergasse** mit ihren alten Laubengängen und weiter zum Hauptplatz, von dem aus zahlreiche idyllische Gässchen zu weiteren Erkundungen locken.

Infos und Öffnungszeiten
Schiffsverbindungen: Mai–Okt. stündl. ab Landungssteg Bürkliplatz, Info bei der Zürichsee Schifffahrtsgesellschaft (s. S. 25)
Tourist Information: Fischmarktplatz 1, 8640 Rapperswil, Tel. 055 220 57 57, www.rapperswil-jona.ch
Polnisches Nationalmuseum: www.muzeum-polskie.org, April–Okt. tgl. 13–17, März, Nov., Dez. Sa, So 13–17 Uhr, Eintritt 5/3 CHF

Märkte und Feste
Im Juni findet in der ganzen Stadt ein **Blues-'n'-Jazz-Festival** (www. bluesnjazz.ch) statt, das jährlich Tausende Fans anlockt, und alle drei Jahre begeistert Mitte August das **Seenachtsfest** mit Kirmes, Tanz, Gauklern

etc. und einem musikalischen Feuerwerk als Höhepunkt.

Museen
Das **Stadtmuseum** 9 (Herrenberg 40, Eintritt 6 CHF) gibt Einblicke in die Geschichte Rapperswils, während das **Circus-Museum** 10 (Fischmarktplatz 1, April–Juni, Sept., Okt. tgl. 10–18, Juli, Aug. tgl. 10–19, Nov.–März tgl. 13–17 Uhr, Eintritt 4/2 CHF) des Schweizer National-Circus Knie in die faszinierende Welt der Manege entführt.

Essen und Trinken
In der gesamten Stadt bieten sich zahlreiche Einkehrmöglichkeiten. Besonders schön sind die Restaurants am Seequai, wo man den herrlichem Blick auf das Wasser genießen kann.

15 | Ausflug ins Umland – Museums- und Gartenstadt Winterthur

Karte: ▶ Karte 3, C 1 | **Anfahrt:** S-Bahn ab Zürich HB

Nur 20 km entfernt von Zürich liegt die Gartenstadt Winterthur. Die ungewöhnlich hohe Dichte an Museen, darunter etliche Sammlungen großer Mäzene, hat der sechstgrößten Stadt der Schweiz völlig zu Recht den weiteren Beinamen Museumsstadt eingetragen und macht einen Ausflug absolut lohnenswert.

Trotz seiner Größe und der Bedeutung als Verkehrsknotenpunkt ist das eigentliche Zentrum von Winterthur sehr überschaubar und bequem zu Fuß zu erkunden. Ein Teil der Häuser innerhalb der alten Schanzen, deren Verlauf die heutige Ringstraße folgt, stammt aus dem Mittelalter, der Großteil der Bausubstanz ist jedoch klassizistisch. Deren Schutz und Erhaltung hatte nicht nur die Verleihung des Wakker-Preises im Jahr 1989 zur Folge, sondern auch, dass sich im eigentlichen Stadtkern eine Geschäftsstruktur mit vornehmlich kleineren lokalen Anbietern erhalten hat.

Lebendige Altstadt

Die Hauptachse der Altstadt ist die Marktgasse, die vom **Hauptbahnhof** **1** zum Graben führt und auf der besonders am Samstag Shopping angesagt ist: Außergewöhnlichen Karbonschmuck gibt es bei **Bosshart** **1** (Nr. 39, www.goldart.ch), ein Muss ist der Besuch bei **Vollenweider** **2** (Nr. 17, www.vollenweiderchocolatier.ch), wo Trüffel, Törtchen und die legendäre Giraffentorte einen verführerischen Duft verbreiten. Direkt gegenüber erhebt sich die dreiachsige Fassade des **Rathauses** **2**, das trotz der eingezwängten Lage zu den wichtigsten frühklassizistischen Gebäuden der Schweiz zählt.

Von außen schlicht und ein bisschen unproportioniert, wartet das Innere der **Stadtkirche** **3** mit ungewöhnlich leuchtenden archaisierend-expressiven

Wandmalereien aus den 1920er-Jahren auf – aber auch mit einer wertvollen Barockorgel aus Salem und drei kleinen Chorfenstern von Augusto Giacometti. Das gegenüberliegende **Gewerbemuseum 4** lohnt nicht zuletzt wegen der beeindruckenden Uhrensammlung Kellenberger einen Besuch, die eine Vielzahl von Stand-, Wand- und Tischuhren präsentiert. Interessant ist aber auch das Materialarchiv mit seiner Fülle an Informationen zu Proben aller erdenklichen Werkstoffe.

An lauen Sommerabenden spielt sich das Leben der Altstadt auf den vielen Plätzen ab. Besonders belebt ist dann aber auch der **Graben** mit seiner Doppelreihe Platanen, den Brunnen, der riesigen Holzfigur Holidi und zahlreichen Straßencafés und -restaurants. In den benachbarten Gassen haben sich viele kleine Design- und Kunsthandwerksgeschäfte niedergelassen. Ungewöhnlich sind die drei ovalen **Brunnen von Donald Judd 5** auf der Steinberggasse, auf der früher wohl der Viehmarkt stattfand, denn ihre zentralen Becken haben jeweils den gleichen Wasserspiegel.

Hochkarätige Museen

Nördlich schließt an die Altstadt der Stadtgarten an, in dem auf einer Freilichtbühne das **SommerTheater 2** (www.sommer-theater.ch) stattfindet. Das nach seinem Stifter benannte **Museum Oskar Reinhart am Stadtgarten 6** beherbergt eine umfassende Sammlung der deutschen, österreichischen und Schweizer Malerei des 19. Jh. bis hin zu Liebermann und Slevogt. Die Sammlung entstand ab den 1930er-Jahren, als sich das Interesse von Reinhart von den französischen Impressionisten und den Alten Meistern abwandte, und setzt u. a. Schwerpunkte bei Thoma, Böcklin oder Hodler.

Übrigens: Das **Casinotheater 1** am Rande der Altstadt hat sich als *die* Bühne für deutschsprachige Comedians und Kabarettisten in der Schweiz etabliert.

Wesentlich breiter angelegt ist die Sammlung des **Kunstmuseums Winterthur 7**, die versucht, einen repräsentativen Überblick der Kunst im deutschsprachigen Raum vom Impressionismus bis in die Gegenwart zu geben, der allenfalls die Setzung klarerer Akzente vermissen lässt. Der Anbau von Gigon/Guyer ist ganz der internationalen zeitgenössischen Kunst gewidmet. Im gleichen Gebäude logiert das **Naturmuseum Winterthur**, das 2007 mit dem Prix Expo für das »Betreten von museologischem Neuland« ausgezeichnet wurde. In der Tat gibt es wohl kaum ein didaktisch wegweiseneres Museum dieser Ausrichtung weit und breit. Besonders mit Kindern ist der Besuch ein absolutes Muss, da der übliche Kanon entstaubt wurde, Mineralien, Fossilien und Lebensräume zeitgemäß präsentiert werden und die Inszenierung der eigentlich wenig spektakulären völkerkundlichen Sammlung als Zwischendeck des Seglers »Ida Ziegler« ein Highlight darstellt.

Ein paar Meter weiter fällt das von Gottfried Semper mit Anklängen an einen korinthischen Tempel erbaute historische **Stadthaus 8** ins Auge.

Ein ungewöhnlich intimer Charakter kennzeichnet die Präsentation der eindrucksvollen Sammlung von Hedy und Arthur Hahnloser-Bühler in der **Villa Flora 9**, die sich der Schweizer und französischen Kunst des frühen 20. Jh. widmet und Schwerpunkte bei Bonnard, Vallotton, Giovanni Giacometti und Hodler setzt.

Übrigens: Die oberhalb der Stadt am Waldrand gelegene Sammlung **Oskar Reinhart am Römerholz** 11 (Haldenstr. 95, Tel. 052 269 27 40, www.bundesmuseen.ch/roemerholz, Di, Do–So 10–17, Mi 10–20 Uhr, Eintritt 12/9 CHF) konzentriert sich auf die Alten Meister und die Impressionisten und bietet in beiden Bereichen Hochkarätiges. Die Cranachs, Monets, van Goghs und Picassos werden von der Architektur der Galerie und des Zwischentrakts von Gigon/Guyer ins rechte Licht gerückt, einzig die ›dialogische Hängung‹, die jegliche Systematik vermissen zu lassen scheint, ist gewöhnungsbedürftig.

Den Höhepunkt der Winterthurer Museumslandschaft bildet das **Zentrum für Fotografie** 10 mit Fotomuseum Winterthur und Fotostiftung Schweiz, eines der bedeutendsten und innovativsten Fotomuseen Europas. Während die von Georg Reinhart nach Winterthur geholte Fotostiftung in Wechselausstellungen die Bestände zeigt, präsentiert das Fotomuseum in internationaler Zusammenarbeit monografische oder thematische Ausstellungen. Von Walker Evans und August Sander über Helmut Newton bis Ai Weiwei wurde hier schon das Who's Who der internationalen Fotografie gezeigt. Das zugehörige **Bistro George** bietet eine marktfrische Küche und Kleinigkeiten (ab ca. 16 CHF). Ein weiteres Highlight der Museumsszene liegt mit dem **Technorama** etwas außerhalb (s. S. 85).

Industriequartier im Wandel

Hinter dem Bahnhof erstreckt sich das **Sulzer-Areal** nach Südwesten, ein Industrieareal im Umbruch. Nach dem Wegzug des namengebenden Maschinenbauers und Metallbetriebs war ursprünglich eine Neukonzeption aus einem Guss vorgesehen, die dann aber aufgegeben wurde. So vollzieht sich nun der Wandel punktuell und insbesondere abends und nachts spielt sich das Leben um einige Kristallisationspunkte ab. Der Vergleich mit Zürich-West drängt sich natürlich auf und führt zum Ergebnis, dass im Sulzer-Areal alles noch anarchischer und wesentlich weniger gestylt ist.

Die Umgebung des **Katharina-Sulzer-Platzes** ist noch von der Zwischennutzung durch mehrere Läden und die **Outback Lodge** 3 geprägt, in der sich abends eine junge Klientel trifft. Den Gegenpol bildet das 2010 umgestaltete Kesselhaus mit großem Elektro-Markt, 6 Kinos und dem kultigen 18 m hohen **Boiler Room** 4, dessen Kohletrichter noch eine Reminiszenz an die Industrieanlage darstellen. Passend zur Klientel der gehobenen Outdoor-Läden der Umgebung hat sich im Pionierpark die stylische Bar **Plan B** 5 schnell zum In-Treffpunkt entwickelt.

Infos und Öffnungszeiten
Anfahrt: Verbindung von Zürich Hbf. mit der S-Bahn alle ca. 10–20 Min. (Dauer 20–30 Min.), Tageskarte (6 Zonen) 23,60 CHF, 9-Uhr-Tagespass für alle Zonen 24 CHF
Winterthur Tourismus: Im Hauptbahnhof, 8401 Winterthur, Tel. 052 267 67 00, www.winterthur-tourismus.ch, Mo–Fr 8.30–18.30, Sa 8.30–16 Uhr
Winterthurer Museumspass: 1 Tag = 20 CHF (16 Museen; ohne Technorama und Kyburg), 2 Tage = 30 CHF (ohne Kyburg); gilt auch für den Museumsbus, der 7 Museen anfährt

Gewerbemuseum Winterthur 4: Kirchplatz 14, Tel. 052 267 51 36, www.gewerbemuseum.ch, Di–Mi, Fr–So 10–17, Do 10–20 Uhr, Eintritt 8 CHF

Museum Oskar Reinhart am Stadtgarten 6: Stadthausstr. 6, Tel. 052 267 51 72, www.museum oskarreinhart.ch, Di 10–20, Mi–So 10–17 Uhr, Eintritt 12/8 CHF

Casinotheater: Stadthausstr. 119, Tel. 052 260 58 58, www.casinotheater.ch

Kunstmuseum Winterthur 7: Museumstr. 52, Tel. 052 267 51 62, www.kmw.ch, Di 10–20, Mi–So 10–17 Uhr, Eintritt je nach Ausstellung ca. 12–15 CHF

Naturmuseum Winterthur 7: Museumstr. 52, Tel. 052 267 51 66, www.natur.winterthur.ch, Di–So 10–17 Uhr, Eintritt 5 CHF

Villa Flora 9: Tösstalstr. 44, Tel. 052 212 99 66, www.villaflora.ch, Di–Sa 14–17, So 11–15 Uhr, Eintritt 12,50/10 CHF

Zentrum für Fotografie 10: Fotomuseum Winterthur, Grüzenstr. 44, Tel. 052 234 10 60, www.fotomuseum.ch, Fotostiftung Schweiz, Grüzenstr. 45, Tel. 052 234 10 30, www.fotostiftung.ch; beide Di, Do–So 11–18, Mi 11–20 Uhr, Eintritt ca. 17/13 CHF

Outback Lodge 3: Lagerplatz 4, Tel. 052 214 00 26, www.outback-lodge.ch, tgl. ab 17 Uhr, ab ca. 20 CHF

Boiler Room 4: Zürcherstr. 1+3, Tel. 052 214 00 26, www.boilerroom.ch, Mo–Sa ab 17, So ab 10 Uhr

Plan B 5: Zürcherstr. 7, Tel. 052 203 28 00, www.planb-bar.ch, Mo–Fr ab 9.45, Sa, So ab 14 Uhr

Für die Nacht

Das **Park Hotel** 1 (Stadthausstr. 4, Tel. 052 265 02 65, www.phwin.ch, DZ ab 235 CHF) ist ein angenehm-gediegenes Haus mit Terrasse am Stadtpark und Pianobar.

Fürs leibliche Wohl

Im **National** 1 (Stadthausstr. 24, Tel. 052 212 24 24, www.national-winterthur.ch, tgl. 9–24 Uhr, ab ca. 25 CHF) wird gehobene, mediterran inspirierte Küche serviert. Das Restaurant **Zur Sonne** 2 (Marktgasse 13/15, Tel. 052 213 00 50, www.zur-sonne.ch, tgl. 11–14.30, 17–23 Uhr, ab ca. 19 CHF) erfreut mit Schweizer Spezialitäten von Capuns bis zu Rösti in allen erdenklichen Varianten.

Noch mehr Zürich

Bauwerke

Bahnhof Stadelhofen
▶ Karte 2, C 4/5
Stadelhoferstr., Kreis 7, Tram 11, 15:
Stadelhofen
Seit seiner Erweiterung 1987–1990 ist
der Bahnhof Stadelhofen ein zentraler
Dreh- und Angelpunkt des Zürcher
Nahverkehrsnetzes. Die geschwungene
Architektur der unterirdischen Ein-
kaufspassage, der Perronüberdachung
und der Passerelle von Santiago Calatrava greift Formen der Natur auf, ist
aber aufgrund der kalten, nackten Gestalt aus Sichtbeton durchaus umstrit-
ten – doch urteilen Sie selbst.

The Dolder Grand ▶ H 7/8
Kurhausstr. 65, Kreis 7, Tel. 044 456
60 00, www.thedoldergrand.com,
Dolderbahn: Bergstation
Hoch über Zürich erhebt sich das 1899
eröffnete Grandhotel wie ein Märchen-
schloss. Hier traf sich seit den 1920er-
Jahren die High Society und einer der
berühmtesten Gäste war Thomas
Mann. Um das Hotel entstand eine Welt
von Sportanlagen, zu denen neben Freibad und Golfplatz die 1930 eröffnete
erste Kunsteisbahn der Stadt gehört –
auf ihr fand 1939 sogar die Eishockey-
WM statt. Ein radikaler architektoni-
scher Schnitt wurde 2004–2008 vollzo-
gen, als unter der Regie von Lord Nor-
man Foster sämtliche Hotelanbauten
entfernt wurden, der Baukomplex wieder aufs Ursprüngliche reduziert wurde

und zwei flankierende Flügel erhielt,
deren Balkone das Motiv der umgeben-
den Birkenhaine aufgreifen. Von der
Terrasse aus sollten Sie unbedingt den
fantastischen Blick über den See und
auf die Berge genießen.

Stadion Letzigrund
▶ außerhalb A 6
Badenerstr. 500, gegenüber VBZ-
Gebäude, Kreis 4, www.stadionletzi
grund.ch, Tram 2: Letzigrund, Mo–Fr
9–19 Uhr, Führungen unter Tel. 044
496 94 94, 25 CHF, Kinder bis 12 J. frei
Das 2005–2007 von Bétrix & Conso-
lascio unter Mitarbeit von Frei & Eh-
rensperger Architekten gebaute Multi-
funktionsstadion ist nicht nur für Fans
moderner Architektur ein Anziehungspunkt. Indem Spielfeld und Wettkampf-
arena gegenüber dem Bodenniveau um
sieben Meter gesenkt wurden, redu-
zierte sich die Höhe des Baus, der sich
harmonisch in die bisherige Quartiebe-
bauung einfügt. Über einem Sockel aus
Sichtbeton, für den der beim Aushub
des Stadionbodens gewonnene Kies
verwendet wurde, ruht auf nach außen
geneigten Stützenpaaren aus Corten-
stahl der an seiner Unterseite mit Robi-
nienholz verkleidete ovale Dachring.
Die so aufgebrochene Fassade verleiht
der Architektur einen leichten, filigra-
nen Charakter, den 31 Scheinwerfer-
säulen auf dem Dach unterstreichen,
die das Stadion bei Dunkelheit gleich
einem Strahlenkranz erhellen. Der architektonisch nicht weniger interessan-

te Innenbereich kann nach Voranmeldung besichtigt werden.

Mühle Tiefenbrunnen und Mühlerama ▶ F 11

Seefeldstr. 219, Kreis 1, www.muehle-tiefenbrunnen.ch, Tram 2, 4: Bhf. Tiefenbrunnen; Mühlerama, Seefeldstr. 231, Tel. 044 422 76 60, Di–Sa 14–17, So 10–17 Uhr, Eintritt 9/5 CHF
Der dekorative Backsteinbau wurde 1889/90 im für Industriebauten des Historismus typischen repräsentativen Schlösschenstil als Bierbrauerei errichtet und 1913 zu einer Industriemühle umgebaut, die bis 1983 in Betrieb war. Anschließend wurde das Ensemble unter Denkmalschutz gestellt und der Architekt Pierre Zoelly Mitte der 1980er-Jahre mit dem behutsamen Umbau für die nachfolgende Umnutzung als Kulturzentrum mit Läden, Wohnungen, Restaurants, einem Theater und Museum betraut. Das Resultat ist eine spannende Synthese von Alt und Neu. Im **Mühlerama** wird auf vier Etagen die Geschichte der Mühle und der Getreideproduktion präsentiert. Seine Attraktionen sind das originale Mahlwerk von 1913, das noch täglich in Betrieb ist und etliche Tonnen Mehl jährlich produziert, sowie Brotbackkurse, die besonders bei Kindern beliebt sind. Neben der Dauerausstellung vermitteln Workshops und Führungen die Kulturgeschichte des Getreides, Sonderausstellungen zu unterschiedlichen Themen ergänzen das Programm.

Schauspielhaus am Pfauen
▶ Karte 2, D 3/4

Rämistr. 34, Kreis 1, Kasse Mo–Sa 11–19 Uhr, Tel. 044 258 77 77, www.schauspielhaus.ch, Tram 3, 9: Kunsthaus
Vorläufer der größten Sprechtheaterbühne der Schweiz war das 1892 auf Initiative des Gastwirts Heinrich Hürlimann errichtete private **Volkstheater am Pfauen,** ein Varietétheater für Possen und Schwänke mit Biergarten, das in seinem Außenbau noch heute erhalten ist. 1901 mietete der damalige Opern-

Futuristisch und polarisierend zugleich – der Bahnhof Stadelhofen von Santiago Calatrava

hausdirektor das Gebäude und richtete ein Sprechtheater ein, das er mit Goethes »Die Mitschuldigen« eröffnete. Nach der anfänglichen Ablehnung durch das Publikum entwickelte sich das Glück des Hauses wechselhaft. Mit dem in den 1930er-Jahren einsetzenden Zustrom von aus Hitler-Deutschland emigrierten Regisseuren und Schauspielern wuchs das Ansehen und während des Zweiten Weltkrieges war es die einzige deutschsprachige Bühne, die kritisches, explizit antifaschistisches Theater bot. Der Basler Regisseur und Autor Oskar Wälterlin führte das Haus geschickt durch die Zeit des Zweiten Weltkriegs und stand ihm bis 1961 vor. Zu den in dieser Zeit uraufgeführten Stücken gehörte u. a. 1941 Brechts »Mutter Courage und ihre Kinder«. Wälterlin war auch der Entdecker von Max Frisch und Friedrich Dürrenmatt. Mit der Uraufführung von Dürrenmatts Stück »Nun singen sie wieder« 1946 wurde die Ära der Furore machenden Aufführungen dieser beiden berühmten Dramatiker eingeläutet. Seither haben viele renommierte Direktoren das traditionsreiche Theater geleitet. Seit 2000 gibt es im Schiffbau eine zweite Spielstätte.

Offener St. Jakob ► C 7

Stauffacherstr. 34, Kreis 4, www. offener-st-jakob.ch, Tram 2, 3, 8, 9, 14: Stauffacher, tgl. 7–19 Uhr
Evangelisch-reformierte Kirche, 1899–1901 nach Plänen der Berliner Architekten Johannes Vollmer und Heinrich Jassoy im Stil der deutschen Neorenaissance erbaut. Prägnant sind ihr Rustikamauerwerk und der eigenwillige Spitzhelm mit den in geschweiften Giebeln sitzenden Zifferblättern. Die Kirche wurde in der Nähe der 1802/03 abgetragenen Kapelle St. Jakob errichtet, des einstigen Siechenhauses, und markierte den Beginn der Gemeinde Aussersihl.

St. Peter und Paul ► C 8

Werdstr. 63, Kreis 4, www.mutter kirche.ch, Tram 9, 14: Werd, Mo–Fr 6–19, Sa, So 8–19 Uhr
Nach der Reformation hatten Katholiken bis 1807 keine Niederlassungsbewilligung in Zürich. Erst ab diesem Zeitpunkt bildete sich wieder eine katholische Gemeinde, die zunächst den Chor des Fraumünsters, später die Augustinerkirche für Gottesdienste nutzte. 1873 kam es über das Unfehlbarkeitsdogma des Papstes zur Spaltung der Gemeinde und zur Errichtung des ersten römisch-katholischen Kirchenbaus in Zürich in nachreformatorischer Zeit durch die romtreuen Gemeindemitglieder. Der Architekt Rudolf Gottlieb Gull erbaute die 1874 geweihte Kirche im neugotischen Stil. Bedingt durch die schnelle Errichtung innerhalb eines Jahres fehlten bei der Weihe noch wesentliche Ausstattungsgegenstände, die erst im Laufe der Jahre hinzukamen: etwa die Kanzel (1874), der Hochaltar von Theodor Schnell (1885) oder die Orgel (1891). Zwischen 1895 und 1896 wurde die Kirche erweitert und erhielt eine neue, 60 m hohe Turmfront.

Geschäftshaus Metropol

► Karte 2, B 4
Stadthausquai 11/13, Kreis 1, Tram 2, 5, 8, 9, 11: Bürkliplatz
1892–1894 erbaute der Architekt Heinrich Ernst eines der ersten Häuser Zürichs nur für Läden und Büros, ohne Wohnungen. Über einem Sockel mit Arkaden erhebt sich eine Stahlskelett-Konstruktion mit tragenden Pfeilern und vorgehängter Glasfassade nach amerikanischem Vorbild. Der historistische Charakter des Gebäudes kommt durch die reiche, barock anmutende Dekoration der Fassaden, die Eck- und Mittelrisalite sowie die bekrönenden Zwiebelhauben zum Ausdruck.

Museen

Landesmuseum Zürich
▶ Karte 2, B 1
Museumstr. 2, Kreis 1, Tel. 044 218 65 11, www.nationalmuseum.ch, Tram 4, 11, 13, 14, 17: Zürich HB, Di–So 10–17, Do 10–19 Uhr, Eintritt 10 CHF
Das 1898 eröffnete Landesmuseum ist ein – leider durch den Hauptbahnhof von der Stadt abgeriegeltes – Universum für sich. Es beherbergt eine gigantische Sammlung kulturhistorischer Exponate, unter denen 11 historische Zimmer mit Täfern sowie in der kaleidoskopartigen Galerie Sammlungen mit Heiligenfiguren, Stoffen, Hinterglasmalereien und Vielem mehr sehr sehenswert sind. Herausragend ist jedoch die Ausstellung »Geschichte Schweiz«, die einzelne Bereiche (Migrations-, Glaubens-, Wirtschafts- und politische Geschichte) anhand vieler Exponate und Fallstudien erlebbar macht. Die Museumsdidaktik ist zwar auf dem neuesten Stand, aber nicht unbedingt auf Kinder ausgerichtet. Nach langem Ringen wurde 2011 auch endlich der Weg für einen Erweiterungsbau frei, der dem Museum neue Möglichkeiten öffnen wird.

Museum für Gestaltung ▶ D 6
Ausstellungsstr. 60, Kreis 5, Tel. 043 446 67 67, www.museum-gestaltung. ch, Tram 4, 13, 17: Museum für Gestaltung, Di–So 10–17, Mi 10–20 Uhr, Eintritt 7–12 CHF; Plakatsammlung im Plakatraum, Limmatstr. 55, Di–Fr, So 13–17 Uhr
1875 als Kunstgewerbemuseum gegründet, zog das Museum für Gestaltung 1933 zusammen mit der heutigen Hochschule für Gestaltung an seinen jetzigen Standort. Unter den vier Sammlungsschwerpunkten (Plakate, Design, Kunstgewerbe, Grafiken) hat insbesondere die Plakatsammlung mit über 300 000 Exemplaren internationale Bedeutung. Jährlich finden mindestens fünf Wechselausstellungen statt, deren Qualität dazu geführt hat, dass das Museum inzwischen nach dem Kunsthaus die höchsten Besucherzahlen aller Zürcher Museen aufweist.

NONAM/Nordamerika Native Museum ▶ G 12
Seefeldstr. 317, Kreis 8, Tel. 043 499 24 40, www.nonam.ch, Tram 2, 4, 33: Bahnhof Tiefenbrunnen, Di–Fr 13–17, Sa, So 10–17 Uhr; Eintritt 12/4 CHF
Etwas versteckt nahe dem Bahnhof Tiefenbrunnen liegt das 2003 eröffnete Museum, das voll und ganz den indigenen Kulturen Nordamerikas (Indianern, Eskimos) gewidmet ist. Nach Lebensräumen unterteilt (Arktis, Subarktis, Nordwestküste, Waldland, Plains, Südwesten), stellt die Dauerausstellung in der zweiten Etage einige Kulturen exemplarisch anhand verschiedener Artefakte vor. Die Exponate sind teilweise historisch, teilweise zeitgenössisch und reichen vom Inuit-Kajak für die Robbenjagd bis zu Tontöpfen und Kachina-Puppen der Hopi. In dem Stockwerk darunter werden Wechselausstellungen gezeigt, z. B. zur Bedeutung der Tiere für die indigenen Kulturen oder zu Forschern wie Karl Bodmer. Gerade für Kinder ist das Museum sehr geeignet, da es jenseits aller Wildwest-Romantik einen Zugang zu den *natives* vermittelt.

Tram-Museum Zürich ▶ G/H 10
Forchstr. 20, Kreis 8, Tel. 044 380 21 62, www.tram-museum.ch, Tram 11: Burgwies, April–Okt. Mi–Fr 14–17, Sa, So 13–17 Uhr, Nov.–März Mi So 14–17 Uhr, Eintritt 10/5 CHF
Das eher unauffällige, privat getragene Museum zeigt im ehemaligen Depot Burgwies alle Tram-Modelle, die jemals in Zürich verkehrt haben. Liebevoll ge-

Rund 9000 Pflanzenarten kann der Besucher im Botanischen Garten entdecken

pflegt und mit viel Detailreichtum werden die Exponate, darunter auch etliches Zubehör, präsentiert und auch Details ins rechte Licht gerückt. Von Mai bis Oktober verkehren am jeweils letzten Wochenende des Monats unterschiedliche historische Trams auf der Museumslinie 21.

Haus Konstruktiv ▶ C 8
Selnaustr. 25, Kreis 1, Tel. 044 217 70 80, www.hauskonstruktiv.ch, Tram 2, 9, 66: Sihlstrasse, Di, Do, Fr 12–18, Mi 12–20, Sa, So 11–18 Uhr, Eintritt 14/10 CHF
Im ehemaligen Elektrizitätswerk Selnau werden seit 2001 auf vier Etagen neben Stücken aus der eigenen Sammlung monografische Wechselausstellungen zu konkreter, konstruktiver und konzeptioneller Kunst gezeigt. Fixpunkt unter den Exponaten ist der vollständig rekonstruierte »Rockefeller Dining Room« (1963/64) des schweizerisch-amerikanischen Künstlers Fritz Glarner.

Spielzeugmuseum ▶ Karte 2, B 3
Fortunagasse 15, Kreis 1, Tel. 044 211 93 05, www.zuercher-spielzeug museum.ch, Tram 6, 7, 11, 13: Rennweg, Mo–Fr 14–17, Sa 13–16 Uhr
Die Stiftung Franz Carl Weber, 1956 anlässlich des 75-jährigen Bestehens des Spielwarenhauses gegründet, zeigt auf kleinem Raum eine eindrucksvolle, aber sehr gedrängt präsentierte Sammlung. Der Schwerpunkt liegt auf den 1880er- bis 1920er-Jahren sowie auf Puppen und Eisenbahnen. Es werden aber auch Dampfschiffe, Dampfmaschinen, Guckkästen, Puppenstuben, Kaufläden und Vieles mehr präsentiert – darunter zahlreiche Raritäten. Hier mag sich mancher Besucher in seine Kindheit zurückversetzt fühlen.

Völkerkundemuseum ▶ C/D 8
Pelikanstr. 49, Kreis 1, Tel. 044 634 90 10, www.musethno.uzh.ch, Tram 2, 9, 66: Sihlstrasse, Di–Fr 10–13, 14–17, Sa 14–17, So 11–17 Uhr

Im Park zur Katz gelegen, bringt das 1888 von der ethnografischen Gesellschaft gegründete Völkerkundemuseum der Universität Zürich dem Besucher in Wechselausstellungen und ergänzenden Veranstaltungen die Geschichte und kulturellen Errungenschaften außereuropäischer Völker nahe. Die eigenen Sammlungsobjekte werden von Wissenschaftlern der Universität untersucht und die Ergebnisse, ergänzt mit Leihgaben, anschließend der Öffentlichkeit in Themenschauen präsentiert. Ausstellungen zu zeitaktuellen ethnologischen Fragestellungen ergänzen das Angebot.

Parks und Grünanlagen

Botanischer Garten der Universität Zürich ▶ F/G 10

Zollikerstr. 107, Kreis 8, Tel. 044 634 84 61, www.bguz.uzh.ch, Tram 11: Hegibachplatz; Tram 4, 2 Höschgasse: Botanischer Garten, März–Sept. Mo–Fr 7–19, Sa, So 8–18, Okt.–Feb. Mo–Fr 8–18, Sa, So 8–17 Uhr

Im positiven Sinne übersichtlich ist der 1977 als Nachfolger des Parks zur Katz eröffnete Botanische Garten, der, fast rundum von Wald abgeschirmt, in eine Mulde mit Teichlandschaft gebettet ist. Die Pflanzen werden nach Lebensräumen (Mittelmeergarten, einheimischer Wald, Alpinum etc.) bzw. Nutzung (z. B. Färberpflanzen) präsentiert. Wie von einem fremden Stern wirken die drei kuppelförmigen Schauhäuser mit Pflanzen der Tropen, Subtropen und der Savannen, die jedoch wegen Renovierung noch bis Ende 2012 geschlossen sind. Umgeben von vielfarbiger Blütenpracht lässt sich hier mitten in der Stadt eine Ruhe genießen, die nur vom Konzert der Frösche und Kröten durchbrochen wird.

Park zur Katz ▶ C 8

Zwischen Selnaubrücke und Badweg, Kreis 1, Tram 2, 9: Sihlstrasse, April–Sept. tgl. 7–19, Okt.–März tgl. 8–18 Uhr

Auf dem Gelände der geschleiften Bastion »Zur Katz« aus dem 17. Jh. wurde 1837 der nach den Prinzipien eines Landschaftsgartens konzipierte Alte Botanische Garten eröffnet. Zu Ehren Conrad Gessners (1516–1565) wurde ein Kräutergarten auf dem höchsten Punkt des Parks mit etwa 50 Nutz- und Heilpflanzen angelegt, denen jeweils Zitate des Arztes und Naturforschers gegenübergestellt sind. Als in den 1960er- und 1970er-Jahren die modernen Bauten den Park immer mehr einzwängten, wurde der Botanische Garten ins Seefeld verlegt, die Idylle mit Palmenhaus von 1851 und altem Baumbestand blieb jedoch erhalten.

Platzspitz ▶ D 6

Museumstr., Kreis 1, Tram: Zürich Hbf.

Das Areal zwischen dem Landesmuseum und der Einmündung der Sihl in die Limmat hat eine durchaus bewegte Geschichte hinter sich. Seit dem 14. Jh. als Schießplatz genutzt, auf dem lange Zeit das Knabenschiessen (s. S. 17) stattfand, wurde hier 1780 ein Barockgarten angelegt, als dessen Relikt ein Denkmal für den Dichter und Maler Salomon Gessner erhalten ist. Für die Landesausstellung 1883 wurde er in einen englischen Landschaftsgarten mit Pavillon verwandelt, dessen Gestalt sich bis heute bewahrt hat. Hier flanierte die geistige Elite Zürichs, hier galt das Motto ›Sehen und gesehen werden‹. Seinen eher zweifelhaften Ruf verdankt der Platzspitz den 1980er-Jahren. Bis zu seiner Schließung 1992 residierte im »Needle Park« die offene Drogenszene und es sollen sich zeitweise bis zu 3 000 Abhängige im Park aufgehalten haben. Heute ist der Park bei den Zürchern wieder so beliebt, dass der Plan zur Erweiterung des Landesmuseums, dem ein kleiner Teil des Parks zum Opfer fallen soll, auf massiven Widerstand traf. Und so lässt sich auch erahnen, warum die Spitze des Parks zu den Lieblingsorten von Gottfried Keller und James Joyce gehörte – an Letzteren erinnert hier ein Brunnen.

Schanzengraben ▶ C/D 7–9
Zwischen Bürkliplatz und Gessnerbrücke, Kreis 1, Tram 2, 5, 8, 9, 11: Bürkliplatz; Tram 3, 14: Löwenplatz
Als wichtiger Bestandteil der dritten, barocken Stadtbefestigung wurde der Schanzengraben Mitte des 17. Jh. angelegt. Die Schleifung der Mauern und Bastionen in den 1830er-Jahren überstand er unbehelligt, da er durch eine neu geschaffene Verbindung in die Sihl

zum zweiten Seeabfluss umfunktioniert wurde. Heute führt eine Promenade, zunächst asphaltiert oder gepflastert oberhalb des Wassers, ab Sihlstrasse sogar als Holzsteg direkt unter Bäumen am Wasser entlang, vom See zur Gessnerbrücke. Sie beginnt am Grandhotel Baur au Lac (s. S. 58) und passiert u. a. das 2006–2008 von Romero & Schaefle umgebaute SIA-Hochhaus, den Park zur Katz (s. S. 79), Wasserpolostrecke, Männerbad (s. S. 21) und die ehemalige Reithalle (s. S. 95).

Villa Patumbah ▶ F 10
Zollikerstr. 128, Tram 2, 4: Fröhlichstrasse, unterer Parkeingang: Mühlebachstrasse vis-à-vis Nr. 174
Nach seiner Rückkehr aus Sumatra ließ der Kaufmann und Tabakplantagenbesitzer Karl Fürchtegott Grob Ende des

Tolle Aussichten – Bergbahnen in Zürich

Seit 1901 führt die **Seilbahn Rigiblick** (▶ E/F 5) – 1979 als erste in der Schweiz voll automatisiert und seither in ZVV-Blau – auf 385 m Länge zum Rigiblick hinauf und überwindet dabei einen Höhenunterschied von 94 m. Und es gibt bei dieser gigantischen Distanz aufgrund der starken Steigung sogar noch Zwischenhalte. Oben angekommen, eröffnet sich nach ein paar Metern ein schöner Blick auf den Uetliberg, den See und bei schönem Wetter – wie der Name verspricht – auch bis zu den Gipfeln der Zentralschweiz, allerdings nicht auf das Stadtzentrum. Nahe der Bergstation befindet sich auf dem Germaniahügel das Grab Georg Büchners (Talstation Freudenbergstr. bzw. Geissbergweg, Kreis 6, Tram Seilbahn Rigiblick, tgl. 5.20–0.40 Uhr ca. alle 6 Min., ZVV Zone 10). (
Die **Dolderbahn** (▶ F–H 7/8) hat mit gut 1,3 km nicht nur eine deutlich längere Trasse als Seilbahn Rigiblick und Polybähnli (s. S. 49), sondern ist auch eine Zahnradbahn. 1895 war sie zunächst als Standseilbahn zum Naherholungsgebiet am Adlisberg eröffnet worden, wurde jedoch 1972/73 nicht nur bis zum Dolder Grand (s. S. 74) verlängert, sondern auch zur Zahnradbahn umgebaut, wodurch jetzt auch ein einzelner Wagen im Pendelbetrieb verkehren kann. Am besten fahren Sie bis zur Bergstation, genießen den Blick vom Aussichtspunkt beim Dolder Grand (oder von dessen Terrasse) und laufen dann am Grandhotel vorbei zur Station Waldhaus Dolder. Natürlich können Sie aber ebenso gut einen kleinen Waldspaziergang am Adlisberg machen (Römerhofplatz, Kreis 7, Tram 3, 8, 15: Römerhof, tgl. 6.20–23.30 Uhr ca. alle 10 Min., ZVV Zone 10).

19. Jh. die exotisch anmutende Villa im Stil der Renaissance erbauen und gab ihr den malaiischen Namen für »Ersehntes Land«. Die Gartengestaltung ist ein Werk des damals führenden Schweizer Landschaftsarchitekten Evariste Mertens. Von seiner weitläufigen, kunstvollen Anlage mit Zier- und Nutzgärten sowie von englischen Landschaftsgärten inspirierten Parkräumen, die durch ein verschlungenes Wegenetz verbunden waren, ist nach der Teilung des Besitzes 1929 nur ein kleiner, aber noch immer sehr malerischer Teil mit Gartenlaube, Skulpturen und Springbrunnen erhalten geblieben. Seit 1977 gehört das Anwesen der Stadt, die nach Ende der bis 2012 laufenden Renovierung der Villa dort ein Zentrum für Baukultur einrichten möchte.

Friedhof Fluntern ▶ G/H 6
Zürichbergstr. 189, Kreis 6, Tram 6: Zoo
Der 1887 eröffnete idyllische Friedhof wurde, angelehnt an barocke Vorbilder, streng axial angelegt und mehrfach erweitert. 1928 entstand der von Birken gesäumte Hauptweg, der in einer Apsis endet. Seit 2004 steht das Areal unter Schutz und mit ihm zahlreiche Gräber bekannter Persönlichkeiten. Hauptanziehungspunkt für Literaturbegeisterte sind die Gräber von James Joyce (1882–1941) und Elias Canetti (1905–1994), die beide in der Apsis liegen. Joyce widmete der Stadt ein figurales Ehrenmal mit einer mittlerweile berühmten Bronzestatue von Milton Hebald (errichtet 1966). Weitere prominente Verstorbene, die hier ihre letzte Ruhestätte gefunden haben, sind die Schauspielerin Therese Giehse (1898–1975), der Physiker Paul Scherrer (1890–1969) oder der Architekt Karl Moser (1860–1936). Zur stimmungsvollen Atmosphäre der grünen Oase trägt auch der zum Teil skulpturale Grabschmuck lokaler Größen aus Kunst, Kultur und Wissenschaft bei.

Zoo Zürich ▶ H 5/6
Zürichbergstr. 221, Kreis 6,
Tel. 0848 966 983, www.zoo.ch,
Tram 6: Zoo, März–Okt. tgl. 9–18,
Nov.–Feb. tgl. 9–17 Uhr (der Masoala Regenwald öffnet 1 Std. später),
Eintritt 22/11 CHF
Der Zoo, der sich über ein großes, noch erweiterbares Areal auf dem Zürichberg erstreckt, hat sich der artgerechten Unterbringung der Tiere in möglichst naturnaher Umgebung verschrieben. Unter der Devise ›weniger ist mehr‹ wurde die Zahl der präsentierten Arten, wie in vielen Zoos, in den letzten Jahren reduziert. Gleichzeitig konzentrierte man sich darauf, nur noch Bewohner ausgewählter Regionen (z. B. Himalaya, Anden, Südamerikanischer Pantanal) – so weit wie möglich in Lebensgemeinschaften – zu halten. Am konsequentesten wurde diese Vision im 2003 eröffneten Masoala Regenwald umgesetzt. 40 auf Madagaskar heimische Wirbeltierarten leben hier in einer grünen Wildnis zusammen, die sukzessive durch madagassische Pflanzen ersetzt wird. Lassen Sie sich Zeit und beobachten Sie die kreischend durchs Geäst tollenden Lemuren oder die Chamäleons, die sich oft reglos nahe dem Weg aufhalten. Seit Jahren beteiligt sich der Zoo erfolgreich an internationalen Zuchtprogrammen und kann insbesondere bei den Schneeleoparden und Galapagos-Riesenschildkröten, aber auch bei zahlreichen Primaten-Arten viel beachtete Erfolge vorweisen. Um allen Tieren die angemessene Aufmerksamkeit widmen zu können, sollten Sie viel Zeit einplanen und am besten direkt morgens starten, wenn die Bewohner am lebendigsten sind.

Ausflüge

Regensberg ► Karte 3, B1

Rund 20 km nordwestlich von Zürich liegt auf einem Jura-Ausläufer eines der am besten erhaltenen mittelalterlichen Städtchen der Schweiz. Mitte des 13. Jh. von den Freiherren von Regensberg gegründet, einem der mächtigsten Adelsgeschlechter der Region, fiel die Stadt 1302 an Habsburg und 1417 an Zürich. Seit 1871 ist sie selbstständige politische Gemeinde.

Regensberg besteht aus der vermutlich im 14. Jh. angelegten **Unterburg** sowie der **Oberburg.** Diese wurde 1540 durch ein Feuer zerstört, das nur Schloss und Burgfried (13. Jh.) verschonte. Der um 1583 wiedererrichtete Palas, der in etwa dem Nordtrakt des Schlosses entspricht, beherbergt heute eine Schule.

Der großzügige **Schlossplatz** davor wird von malerischen Fachwerkhäuschen und Gärten gesäumt. An ihm liegen ein Sodbrunnen aus der Gründungszeit der Burg – der tiefste der Schweiz (57 m) –, das Amtshaus (1666) und die kleine Kirche. Auch ihr steinerner Turm (1506) und das Hauptportal

Von Regensberg führt eine schöne, 12 km lange **Wanderung** über den Grat des Lägeren, des ersten Abschnitts des Jurahöhenwegs, vorbei an der Ruine Altlägeren und über den Schartenfels nach Baden. Höhenunterschied ca. 400 m, Dauer etwa 4 Std.

wurden vom Feuer verschont und das Schiff anschließend im gotischen Stil erneuert. Der Burgfried kann bei schönem Wetter bestiegen werden, aber auch vom Kronentor aus bietet sich ein schönes Panorama ins Umland.

Informationen

Anfahrt: Ab Hbf. Zürich mit der S5 nach Dielsdorf, von dort mit dem Bus 593 weiter Richtung Regensberg Dorf (ca. 30 Min.). Mit dem Auto über die A1L Richtung Winterthur, an der Abfahrt Zürich Ost weiter über die A1/A4 Richtung Bern, Luzern (Nordring), Ausfahrt Affoltern/Regensdorf, der B17 folgen Richtung Regensdorf und Dielsdorf, dort im Zentrum links Richtung Regensberg abbiegen. Fahrtzeit etwa 30 Min.

Naturerlebnispark Sihlwald ► Karte 3, B 3

Der erste national anerkannte Naturerlebnispark und größte zusammenhängende Buchenmischwald des Schweizer Mittellandes entfaltet auf rund 100 ha eine mannigfaltige, durch Gletscher geformte Landschaft mit Schluchten, Riedwiesen, Wildbächen und Waldseen, die zur Erholung und Entdeckung der Natur einladen. Seit 2000 werden keine Ausholzungen mehr vorgenommen, sodass die natürlichen Prozesse der Vegetation unbeeinflusst im eigenen Rhythmus ablaufen können und der Naturwald den Nährboden für eine vielfältige Fauna und Flora bildet, in der auch bedrohte Arten eine Heimat finden. Zahlreiche Wanderwege erschließen das Gebiet und ein 2 km langer Walderlebnispfad mit Barfußpfad lehrt Kinder, Wald und Natur mit den Sinnen zu erfahren.

Im zugehörigen, seit 1869 bestehenden **Wildpark Langenberg** können viele einheimische oder einst heimisch Wildtiere fast wie in freier Natur beobachtet werden, u. a. Wolf, Luchs, Braunbär, Wisent und Elch. Die Biber- und Fischotteranlage (tgl. 24 Std., Eintritt frei) ist eine weitere Attraktion für Kinder.

Informationen
Besucherzentrum Sihlwald: Alte Sihltalstr. 13, 8135 Sihlwald, Tel. 044 722 55 10, www.wildnispark.ch, Mitte März–Okt. Di–Sa 12–17.30, So 9–17.30 Uhr, Eintritt 6/3 CHF. Mit kleinem Museum und Café.
Wildpark Langenberg: Die Tieranlagen im Ostteil sind tgl. 24 Std. zugänglich, im Westteil Nov.–März 8–16, April–Okt. 8–19 Uhr, Eintritt frei.
Anfahrt: Zum Wildpark Langenberg mit der S4 bis Wildpark Höfli, zum Besucherzentrum Sihlwald mit der S4 bis Bhf. Sihlwald ((1 x stdl., jeweils um 18 nach). Mit dem Auto via Sihltalstrasse bis Langnau am Albis bzw. Sihlwald.

Skulpturenpark Bruno Weber ▶ Karte 3, A 2

Man begegnet den Werken des Schweizer Künstlers Bruno Weber am Bahnhof Stadelhofen und auf dem Uetliberg, aber nirgends kann man so tief in seine magische Welt eintauchen, wie in dem seit 1962 entstehenden Skulpturenpark in Dietikon. Weber, Begründer des fantastischen Realismus in der Schweiz, hat hier aus in die Natur eingebetteten, teilweise begehbaren Fabeltieren,

Traumwesen, Tempelbögen und anderen geheimnisvollen Architekturen und Objekten im Laufe der letzten Jahrzehnte ein Gesamtkunstwerk geschaffen, das den Besucher auf eine Reise in ein faszinierendes, surreales Reich mitnimmt. Um es in seiner ganzen Dimension zu erfassen, sollte man unbedingt an einer Führung teilnehmen.

Informationen
Bruno Weber Skulpturenpark: Spreitenbach, 8953 Dietikon, www.bruno-weber.ch, April–Okt. Mi 13–18, Sa, So 11–18 Uhr, Eintritt 12/8 CHF. Öffentliche Führungen ab 4 Personen Sa, So 14 Uhr (bei gutem Wetter), Tel. 044 740 02 71.
Anfahrt: Mit der S3/S12 bis Dietikon, von dort mit Bus 303 bis Station Gjuchstrasse und weiter Richtung Stadthalle. Mit dem Auto bis Dietikon, weiter Richtung Stadthalle, von dort 8–10 Min. zu Fuß über den Familiengartenweg. Parkplätze an der Stadthalle.

Baden ▶ Karte 3, A 1

Eingebettet zwischen die bewaldeten Ausläufer von Jura und Mittelland verdankt das an der Limmat liegende Baden seinen Charme einer malerischen Altstadt und der seit der Römerzeit entwickelten Badekultur.

Von der Ruine der 1415 zerstörten **Burg Stein** (11. Jh.) auf dem Schlossberg bietet sich ein herrlicher Blick auf die reizvolle **Altstadt** mit ihren mittelalterlichen Gassen, schönen Häusern aus dem 15.–18.Jh. und dem Stadtturm (um 1445). Zu diesem führt ein Teil der alten Stadtmauer hinab. Neben der spätgotischen Stadtkirche Mariä Himmelfahrt (1457–1470), deren Inneres sich heute klassizistisch präsentiert, und der benachbarten Kapelle St. Sebastian

(1511) sind vor allem das spätgotische Rathaus (1415–1712 Versammlungsort der Tagsatzungen), das Stadthaus (14./15. Jh.), das ehemalige Zeughaus (1614) mit hübschem Renaissanceportal und die Stadtkanzlei (1679) sehenswert. Über eine gedeckte Holzbrücke nahe des **Kornhauses** (16. Jh.) gelangt man zum **Landvogteischloss** (1489), heute Sitz des Historischen Museums.

Entlang der Limmat führt ein schöner Weg zum Bäderquartier mit **Kurhaus** (1875), dem größten Casino der Schweiz und nostalgischen Kurhotels, die ihm einen besonderen Reiz verleihen. Neben dem **Kurpark** mit seinem exotischen Baumbestand lädt das Thermalbad zur Erholung und Entspannung ein. Baden verfügt über 19 Quellen. Das 47 °C heiße Wasser, das mineralreichste der Schweiz, sprudelt aus einer Tiefe von über 1 000 m und wird für das Bad auf 36 °C abgekühlt.

Lohnend ist ferner ein Besuch der 1901 von Karl Moser erbauten **Villa Langmatt.** Der einstige Sommersitz der Familie Brown, Mitbegründer des Elektrounternehmens Brown Boveri & Cie (heute ABB) beherbergt seit 1990 ein Museum mit den originalen Wohnräumen, die den Lebensstil einer Industriellenfamilie zu Beginn des 20. Jh. veranschaulichen, sowie eine bedeutende Gemäldesammlung mit Werken des 18./19. Jh., vor allem des französischen Impressionismus. Im wunderschönen Park, gestaltet von Evariste Mertens, findet jeweils am 21. Juni ein öffentliches Picknick mit Musik statt.

Informationen

Info Baden: Oberer Bahnhofplatz 1, 5401 Baden, Tel. 056 200 87 87, www.baden.ch, Mo 12–18.30, Di–Fr 9–18.30, Sa 9–16 Uhr. Stadtführungen 15/10 CHF, Anmeldung bis 12 Uhr.

Historisches Museum: Wettingerstr. 1, Tel. 056 222 75 74, www.museum.baden.ch, Di–Fr 13–17, Sa, So 10–17 Uhr.

Museum Langmatt: Römerstr. 30, Tel. 056 200 86 70, www.langmatt.ch, März–Nov. Di–Fr 14–17, Sa, So 11–17 Uhr, 12/10 CHF.

ThermalBaden: Kurplatz 1, Tel. 056 203 91 12, www.thermalbaden.ch, Mo–

Vom Uetliberg bietet sich dem Betrachter ein grandioses Panorama der Stadt

Fr 7.30–21, Sa, So 7.30–20, März–Nov. Fr, Sa 7.30–22 Uhr, 16/10 CHF.
Anfahrt: Mit der S 12 (30 Min.) bzw. dem IR (15 Min.) ab Hbf. ZürichCard-Inhaber zahlen nur die Differenz bis Baden, www.zvv.ch. Mit dem Auto über die A1 Richtung Basel bis Ausfahrt Baden Neuenhof.

Uetliberg ► Karte 3, B 2

Man sieht ihn von fast überall in der Stadt: den Uetliberg, Zürichs 871 m hohen Hausberg mit dem Sendeturm. Als stadtnahes Erholungsgebiet für Spaziergänger, Wanderer und Mountainbiker ist er besonders an den Wochenenden beliebt, weshalb sich ein Ausflug unter der Woche empfiehlt.

Entweder erklimmt man den Gipfel zu Fuß oder lässt sich von einer der steilsten Adhäsionsbahnen Europas hinauffahren. Von der Station aus erreicht man in zehn Gehminuten das Plateau, von dem aus sich ein grandioses Panorama eröffnet.

Zahlreiche ausgeschilderte Wanderwege laden zum Erkunden der Umgebung ein. Zwei abwechslungsreiche Routen sind besonders zu empfehlen: der Planetenweg, der in ca. 1,5 Std. bequem zur Felsenegg-Luftseilbahn führt und nebenbei Einblicke in das Sonnensystem gibt. Ein Fußmarsch von der Felsenegg nach Adliswil hinunter ist sehr steil und nur mit geeignetem Schuhwerk zu empfehlen! Der Planetenweg ist Teil des Panoramawegs, der an der Felsenegg vorbei bis nach Sihlbrugg weiterführt. Diese klassische Gratwanderung dauert ca. 6 Stunden.

Informationen
Zu Fuß: Von der Endstation der Tramlinie 13 (Albisguetli) über den Denzlerweg oder den Laternenweg, ab Endstation der Tramlinie 14 (Triemli) über den Hohensteinweg. Dauer: ca. 1 Std.
Luftseilbahn Adliswil-Felsenegg: www.laf.ch, Ende März–Ende Oktober im 15-Min.-Takt, erste Fahrt ab Felsenegg 8.20, letzte Fahrt 22.05 (Sa 23.05) Uhr.
Tickets: Für den Uetliberg alleine sind Tickets mit den Zonen 10, 54, 55 nötig, Einzelfahrt 8,20 CHF (2 Std. gültig), für die Wanderung ist die Albis-Tageskarte 16,40 CHF (Code *131) am günstigsten.
Anfahrt: Ab Zürich Hbf. mit der S10 bis Endstation Uetliberg (Mo–Fr alle 30, Sa, So alle 20 Min.). Von Adliswil zurück nach Zürich mit der S4.

Technorama ► Karte 3, C 1

Das Technorama liegt zwar in Winterthur, lohnt aber einen separaten ganztägigen Ausflug von Zürich, da die zweimal täglich stattfindenden Shows und viele der 500 Experimente so spannend sind, dass die Zeit wie im Flug vergeht. Auf drei Etagen und nach Themen gruppiert werden auf spielerische Weise physikalische, mathematische, meteorologische oder biologische Phänomene erklärt. Da sich überall etwas bewegt und immer etwas zu experimentieren ist, ist der Besuch speziell für Kinder spannend. Ganz besonders sehenswert ist die Show zum Thema Elektrizität, in der Blitze mit mehreren Tausend Volt durch den Saal zucken.

Informationen
Swiss Science Center Technorama: Technoramastr. 1, 8404 Winterthur, Tel. 052 244 08 44, www.technorama.ch, Di–So 10–17, Eintritt 25/14 CHF.
Anfahrt: Von Winterthur Hbf. mit Bus 5, Station Technorama; von Zürich A1 bis Ausfahrt Oberwinterthur.

Zu Gast in Zürich

Wer an die Schweiz denkt, denkt meist sofort an Berge, Uhren, Käse – und natürlich an Schokolade. Seit 175 Jahren ist die traditionsreiche Confiserie Sprüngli der Inbegriff für feinste Schokoladenkreationen in Zürich. Und so genießen hier Einheimische wie Touristen die süßen Köstlichkeiten – in der Café-Bar oder im ersten Stock, wo man im stilvollen Art-déco-Ambiente im wahrsten Sinne des Wortes genüsslich entspannen kann: bei Kaffee, heißer Schokolade und einem der verführerischen Törtchen. Aber auch Freunde des Herzhaften werden hier mit Quiches, Sandwiches und Vielem mehr verwöhnt.

Übernachten

Große Auswahl

An Hotels mangelt es Zürich nun wahrlich nicht. Klangvolle Namen wie The Dolder Grand oder Baur au Lac stehen für eine lange Tradition und für Luxus. Auch im Bereich der gehobenen und der Mittelklassehotels ist die Auswahl reichlich, dünner wird das Angebot dann bei preiswerteren Unterkünften – aber es gibt sie. Gerade in den letzten Jahren sind in allen Kategorien Hotels grundlegend renoviert oder umgestaltet worden, um ihnen eine individuelle Note oder sogar ein unverwechselbares Design zu geben. Mitten im Leben sind Sie in den Altstadthotels, unter denen sich, speziell im Niederdorf, auch einige preiswertere – größtenteils jedoch einfachere – finden. Allerdings zahlen Sie dafür den Preis der teilweise mangelnden Ruhe.

Zimmerpreise

Zürich ist kein billiges Pflaster und so zahlt man schon bei Mittelklassehotels in einigermaßen zentraler Lage leicht deutlich über 200 CHF für ein Doppelzimmer mit Frühstück. Viele Hotels bieten jedoch, insbesondere über das Wochenende, Sondertarife oder Pakete mit zusätzlichen Leistungen an. Das Zürich-Weekend Special beispielsweise bietet eine 25-prozentige Ermäßigung auf den regulären Preis und wird von über 30 Hotels (in erster Linie 3- und 4-Sterne-Häuser) via Website von Zürich Tourismus (s. u.) offeriert. Vor einer Buchung

sollten Sie, wenn Sie mit dem Auto anreisen, auf jeden Fall klären, ob das Hotel über einen eigenen Parkplatz verfügt. Die Preise der Zürcher Parkhäuser sind nämlich nicht zu unterschätzen und liegen im Kreis 1 bei bis zu 40 CHF pro Tag.

Jugendherbergen und Hostels

Die Jugendherberge Zürich liegt etwas außerhalb in Wollishofen (Kreis 2), das Angebot an klassischen Hostels oder B & B ist recht spärlich. Apartments lassen sich zwar finden, sind aber – mit wenigen Ausnahmen – in der Regel nur ab einer Woche zu mieten, wobei Sie mit Preisen ab ca. 600 CHF rechnen können.

Information und Buchung im Internet

Den umfangreichsten Überblick über die Zürcher Hotels bietet die Website von Zürich Tourismus (www.zuerich.com), die praktisch alle Hotels und auch etliche Apartments beinhaltet. Zudem ist sie mit dem Bewertungssystem von www.tripadvisor.de verlinkt. Ebenso sind fast alle Hotels über www.hrs.de und die anderen großen Buchungsportale zu buchen – allerdings im Normalfall nicht billiger als bei der Direktbuchung. In jedem Fall lohnt es sich, ein bisschen zu stöbern. Auf günstige Alternativen hat sich die Website www.hostelbookers.com spezialisiert, bei der die Ausbeute für Zürich allerdings nicht allzu groß ausfällt.

Günstig und nett

Mitten im Niederdorf – **Adler:** ■ **Karte 2, B 3,** Rosengasse 10, Kreis 1, Tel. 044 266 96 96, www.hotel-adler.ch, Tram 4, 15: Rudolf-Brun-Brücke, DZ ab 195 CHF. Das Adler ist eine Alternative für diejenigen, die zwar mitten im Trubel wohnen, sich aber nicht mit einfachstem Standard zufrieden geben wollen. Die Zimmer sind klein, aber gut ausgestattet und gepflegt. Zum Hotel gehört auch ein Restaurant (s. S. 98).

Zentral und zweckmäßig – **Alexander Guesthouse:** ■ **Karte 2, C 2,** Zähringerstr. 16, Kreis 1, Tel. 044 251 82 03, www.hotel-alexander.ch, Tram u.a. 4, 6, 7: Central; Tram 4, 15: Rudolf-Brun-Brücke, DZ 120–160 CHF (+ 17 CHF Frühstück p. P.). Das zum gleichnamigen Hotel gehörende Guesthouse bietet keinerlei Schnickschnack, sondern schlichtweg saubere, günstige Zimmer in zentraler Lage. Obwohl es mitten in der Altstadt liegt, ist es – im Gegensatz zum Hotel – einigermaßen ruhig.

Alles easy, alles einfach – **Easy Hotel:** ■ **C 7** Zwinglistr. 14, Kreis 4, www.easyhotel.com, Tram 8: Helvetiaplatz, DZ ab ca. 80 CHF. Das Hotel funktioniert nach dem Prinzip von EasyJet: Buchung nur online bis zu einem Jahr im Voraus, einfache Ausstattung mit zusätzlich buchbaren Optionen (z. B. zweites Handtuch oder Zimmerreinigung), Preisgestaltung je nach Nachfrage. Wer sich mit einer einfachen, funktionalen Ausstattung und einer relativ lauten Nachbarschaft zufrieden gibt, findet hier eine preislich fast unschlagbare Übernachtungsmöglichkeit.

Gay-Hotel – **Goldenes Schwert:** ■ **Karte 2, B 3,** Marktgasse 14, Kreis 1, Tel. 044 250 70 80, www.gayhotel.ch,

Tram 4, 15: Rathaus, DZ 170–250 CHF. Das dezidierte Gay-Hotel befindet sich im G-Colors, einem Haus, das vom Hotel über die Bar bis zum Club alles für Gays bietet. Wer mit der Szene nichts anfangen kann oder es nicht so explizit mag, ist hier fehl am Platze.

Für Backpacker – **Jugendherberge Zürich:** ■ **C 12,** Mutschellenstr. 114, Kreis 2, Tel. 043 399 78 00, www.youthhostel.ch, Tram 7, 33: Morgental; Tram 7: Bhf. Wollishofen, ab 46 CHF/Pers., DZ 140–150 CHF (Preise für Nicht-Mitglieder). Der sehr individuelle Bau aus den 1960er-Jahren wurde 2003/04 komplett umgestaltet, wobei die öffentlichen Bereiche ein modernes Design erhielten. Ein Großteil der 290 Betten befindet sich in unspektakulären 2- bis 4-Bett-Zimmern, die gutem Jugendherbergsstandard entsprechen. Trotz der Lage etwas außerhalb ist die Anbindung ins Zentrum gut (ca. 15–20 Min. mit dem Tram).

Kleines B & B – **Kafischnaps:** ■ **D 5,** Kornhausstr. 57, Kreis 6, Tel. 044 215 40 40, www.kafischnaps.ch, Tram: 7, 11, 15: Schaffhauserplatz, 44–59 CHF p. P. Das kleine B & B liegt nur vier Stationen vom Hauptbahnhof entfernt und ist an ein Café angeschlossen. Die nur fünf Zimmer sind einfach, aber funktional eingerichtet und jeweils von einem anderen Designer individuell gestaltet. Da es nur Gemeinschaftsbad und -toilette gibt, schlägt die Sauberkeit umso stärker als Pluspunkt zu Buche.

Etwas schräg – **Leoneck:** ■ **Karte 2, C 1,** Leonhardstr. 1, Kreis 6, Tel. 044 254 22 22, www.leoneck.ch, Tram 6, 7, 10, 15: Haldenegg, DZ 160–250 CHF. Die eigentlich unspektakulären, geräumigen 80 Zimmer (einige davon mit Balkon) sind individuell mit humorvollen Wandbildern von Zürcher Künstlern geschmückt. Ansonsten steht im etwas ungewöhnlich gestalteten Hotel alles im Zeichen der Schweizer Kuh – allem voran natürlich das Restaurant **Crazy Cow** (s. S. 50). Praktisch: Tramhaltestelle vor dem Haus.

Geheimtipp – **Route 39:** ■ **(außerhalb A 4),** Winzerstr. 39, Kreis 10, Tel. 044 822 20 70, www.route39.ch, Tram 13: Wartau, DZ 115–135 CHF. Das freundliche kleine B & B in Höngg hat nur drei Zimmer (zwei mit Gemeinschaftsbad), die aber liebevoll eingerichtet sind. In gut 15 Min. sind Sie mit dem Tram am Hauptbahnhof, können abends aber nach einem anstrengenden Tag auf dem Balkon oder auf der Terrasse im Grünen entspannen.

Rock-Hotel – **Zic Zac:** ■ **Karte 2, B 3,** Marktgasse 17, Kreis 1, Tel. 044 261 21 81, www.rockhotel.ch, Tram 4, 15: Rathaus, DZ ab 135 CHF. Wer es ruhig mag oder modernes Design sucht, ist hier fehl am Platze. Mit Rock und Party von morgens bis nachts, Bar und Burger-Restaurant richtet sich das einfach eingerichtete, aber preiswerte und sehr zentral im Niederdorf gelegene Hotel an jung(gebliebene) Reisende. Von AC/DC über Jimi Hendrix bis ZZ Top ist jedes Zimmer einer Rocklegende gewidmet.

Stilvoll wohnen

Das Traditionshaus – **Baur au Lac:** ■ **Karte 2, B 4/5,** s. S. 58

Puristisch – **Greulich:** ■ **B 7,** Herman-Greulich-Str. 56, Kreis 4, Tel. 043 243 42 43, www.greulich.ch, Tram 8: Güterbahnhof, DZ ab 340 CHF (plus 28 CHF Frühstück p. P.), ab 3 Nächten 20 % Rabatt. Die Fassade des Hotels im alten Arbeiterviertel Aussersihl spiegelt 1930er-Art-déco vor, die 10 ›Gartenzimmer‹ und 8 Suiten befinden sich aber in einem Neubau im Innenhof mit Birkenhain. Ungewöhnlich ist sicherlich die Kombination aus puristischem, großenteils in Weiß gehaltenem Design und betonter Nachhaltigkeit, die durch die Freundlichkeit des Service abgerundet werden.

Klein, aber fein – **Helmhaus:** ■ **Karte 2, C 4,** Schiffländte 30, Kreis 1, Tel. 044 266 95 95, www.helmhaus.ch, Tram 4, 15: Helmhaus, DZ ab 270 CHF. Das freundliche, persönliche Boutique-Hotel mit nur 24 Zimmern bietet modernes Design, ohne dabei unterkühlt zu wirken. Die Lage zwischen Grossmünster und See ist zentral, aber nicht laut, und insbesondere für Besuche im Opernhaus und der Tonhalle ideal.

Nicht nur für Frauen – **Lady's First design hotel:** ■ **E 9/10,** Mainaustr. 24, Kreis 8, Tel. 044 380 80 10, www.ladysfirst.ch, Tram 2, 4: Feldeggstrasse, DZ ab 290 CHF. In ruhiger Lage, nahe dem See und nicht weit vom Bellevue, findet sich das ungewöhnliche Hotel, das sich auch als Integrationsprojekt versteht. Der Name verspricht nicht zu viel: Das Haus aus dem 19. Jh. mit hohen Decken, großen Zimmern und Parkettböden kontrastiert mit modernem Design – allerdings nicht unbehaglich und steril, sondern aufs Wohlfühlen der Gäste ausgerichtet. Der Wellness-Bereich (35 CHF) ist nur den Damen vorbehalten.

Für Opernliebhaber – **Opera:** ■ **E 9,** Dufourstr. 5, Kreis 8, Tel. 044 258 99 00, www.operahotel.ch, Tram 11, 15: Stadelhofen, DZ ab 290 CHF. Besonders für Opernliebhaber, die nur auf Stippvisite in Zürich sind, ist die Lage nicht zu schlagen. Die Zimmer sind gediegengeschmackvoll eingerichtet, Freundlichkeit und Service stehen hier eher im Vordergrund als trendiges Design. Ein Highlight ist die Dachterrasse mit schönem Blick über See und Altstadt.

Zentral – **Sorell Hotel Rütli:** ■ **Karte 2, C 2,** Zähringerstr. 43, Kreis 1, Tel. 044 254 58 00, www.rutli.ch, u. a. Tram 3, 6, 7: Central, DZ ab 260 CHF. Das 2010 komplett renovierte Hotel ist nüchtern-geschmackvoll eingerichtet, aber nicht überdesignt, und bietet eine gute technische Ausstattung. Für die Freundlichkeit und die sehr zentrale Lage oberhalb des Central zahlt man allerdings den Preis, dass es auch etwas laut ist.

Design trifft Aussicht – **Sorell Hotel Zürichberg:** ■ **G 6,** Orellistr. 21, Kreis 7, Tel. 044 268 35 35, www.zuerichberg.ch, Tram 6: Zoo, DZ ab 350 CHF. Hoch über Zürich, mit traumhafter Aussicht über die Stadt und den See, erhebt sich der Ziegelbau von 1900. Dass er einst dem Verein für Mässigkeit und Volkswohl gehörte und als Kurhaus diente, steht in krassem Gegensatz zum heutigen modernen Design, das insbesondere den kreisförmigen Neubau aus den 1990er-Jahren auszeichnet und die Inneneinrichtung, für die Namen wie Jasper Morrison oder Hannes Wettstein stehen. Freundlicher Service, ein überdurchschnittlich gutes Frühstücksbuffet und die Bar schaffen ein entsprechendes Wohlfühlklima.

Einzigartig – **Widder:** ■ **Karte 2, B 3,** Rennweg 7, Kreis 1, Tel. 044 224 25 26, www.widderhotel.ch, Tram 6, 7, 10, 11, 13: Rennweg, DZ ab 635 CHF (plus 32 CHF Frühstück p. P.). Im ehemaligen Haus der Metzgerzunft und acht Nachbarhäusern hat die renommierte Architektin Tilla Theus *das* Designhotel von Zürich geschaffen. Hier ist alles perfekt. Service, Einrichtung und Qualität setzen Maßstäbe – der Preis allerdings auch …

Moderne Hotelarchitektur hoch über Zürich: der kreisförmige Anbau des Hotels Zürichberg

Essen und Trinken

Zürcher Küche

Es gibt Leute, die behaupten, dass es keine traditionelle Zürcher Küche gäbe. Wahrscheinlich fragen Sie sich jetzt, was es denn dann mit den Klassikern **Zürcher Geschnetzeltes** und **Bircher Müesli** auf sich hat, die man in der ganzen Welt kennt. In der Tat ist die Zahl an typischen Zürcher Gerichten überschaubar, was auch eine Folge der Reformation Zwinglis sein mag, die der mittelalterlichen Freude am Schlemmen durch strenge Vorschriften für Tischsitten und Essgewohnheiten ein jähes Ende setzte. Zu den wenigen traditionellen Rezepten gehören deftige Eintöpfe aus Fleisch und Gemüse wie die im 17. Jh. von heimkehrenden Söldnern mitgebrachte **Spanisch-Suppe,** der **Alt Züri-Topf** oder der **Ratsherrentopf,** ferner **Züri Kuttlen** und der **Tirggel,** ein seit dem Mittelalter in Bildmodeln hergestelltes Honiggebäck. Sicher ließe sich noch das eine oder andere Gericht anfügen, aber eine breit gefächerte, individuelle kulinarische Landschaft bietet Zürich nicht. Wie der Name der Spanisch-Suppe schon andeutet – die Zürcher Küche ist stark von außen beeinflusst, insbesondere von den Traditionen der Nachbarländer Italien und Frankreich.

Das hindert jedoch niemanden daran, gerne und viel auswärts zu essen – und auch das seit einiger Zeit bestehende Rauchverbot in Restaurants hat daran nichts geändert. Zürich verfügt über eine enorme Restaurantdichte, die Vielfalt ist schier endlos und reicht von Take-Aways, Weinschenken, Zunfthäusern, Trendlokalen bis hin zu Gourmetrestaurants und von traditionell bis exotisch. Wer möchte, kann hier eine kulinarische Weltreise absolvieren, ohne die Stadt je zu verlassen. Gekocht wird auf sehr hohem, ja oft allerhöchstem Niveau. Das kann, muss aber nicht zwangsläufig den Geldbeutel strapazieren, denn auch wenn man in Zürich meist mehr Geld für das Essengehen ausgeben muss als zu Hause, so gibt es doch viele günstige Alternativen, bei denen Preis und Leistung stimmen.

Die im Weiteren genannten Preise gelten für ein Hauptgericht.

Kulinarischer Tagesablauf

Eigentlich beginnt der Tag morgens mit einem entspannten *Zmorge.* Wenn man aber bedenkt, wie viele Schweizer morgens schon um kurz nach 6 Uhr mit dem Tram zur Arbeit unterwegs sind, dann fragt man sich, ob dieses gemütliche Ritual nicht eher auf das Wochenende verschoben ist und für viele das *Znüni* auf der Arbeit die erste Mahlzeit des Tages ist. Wichtig ist auf jeden Fall das *Zmittag* (Lunch). Viele Berufstätige gehen mittags richtig essen und schon um halb 12 Uhr füllen sich die Lokale. Sobald die ersten Sonnenstrahlen nach draußen locken, sind auch die Terrassen dicht besetzt – ganz egal, ob man sich dabei noch in dicke Jacken und Mäntel hüllen muss. Das verleiht der Stadt ein südländisches Flair.

Viele, auch gehobene Restaurants, bieten daher eine günstige Mittagskarte an. Denn anders als in Deutschland wird das Lunch als wirkliche Arbeitspause, in der man den Kopf durchlüften oder ein geschäftliches Gespräch in entspanntem Rahmen führen kann, geschätzt und gepflegt. Reservieren empfiehlt sich also unbedingt!

Zum *Zvieri* gibt es meist noch mal einen Kaffee und etwas Süßes, bevor sich am Abend die Lokale erneut füllen. Auch jetzt sollte man unbedingt reservieren, denn Essengehen mit Freunden ist ein wichtiger Bestandteil des sozialen Lebens. Zu Hause bewirtet man Gäste seltener. Man trifft sich *im Ausgang,* und das meist recht früh: Die Restaurants sind ab 19 Uhr gut besucht und warme Küche wird in der Regel bis 22.30 Uhr angeboten. Während die Zürcher unter der Woche gern und viel essen gehen, gehört das Wochenende der Familie. Viele Restaurants, vor allem in den Außenquartieren, haben daher sonntags geschlossen, manche sogar auch samstags.

Auf eigene Faust

Im Zentrum plagt den Reisenden statt Mangel an Gelegenheiten zum Essen die Qual der Wahl. Da hilft das jährlich neu aufgelegte Magazin **Zürich geht aus!** mit unabhängigen Kritiken und Tipps zum Essengehen. Daneben bietet jedes Quartier eigene Highlights: in der Altstadt liegen mit den Zunfthäusern und Weinschenken eher traditionelle Restaurants, in den multikulturell geprägten Kreisen 4 und 5 hingegen viele internationale Lokale, während im ehemaligen Industriequartier Züri-West Trendgastronomie neben Alternativkneipen besteht. Die Gourmettempel liegen bevorzugt in schönen Villen an den Rändern Zürichs … *En Guete!*

Cafés und Frühstücken

Reinster Kaffeegenuss – **Café Noir:** ▨ **C 6,** Neugasse 33, Kreis 5, Tel. 044 558 34 10, www.cafe-noir.ch, Bus 32: Röntgenstrasse, Tram 4, 17, 13: Limmatplatz, Mo–Fr 8–20, Sa 9–18 Uhr. Feinste sortenreine Kaffeespezialitäten und spezielle Hausmischungen, mehrmals wöchentlich frisch in der eigenen Maschine geröstet: Was will das Herz eines Kaffeeliebhabers mehr? Daneben bietet das kleine Café u. a. diverse Trinkschokoladen von Zotter, Tees sowie Sandwiches, Salate und Kuchen.

Klassisch – **Confiserie Honold:** ▨ **Karte 2, A 2/3,** Rennweg 53, Kreis 1, Tel. 044 211 52 58, www.honold.ch, Tram 6, 7, 10, 11, 13: Rennweg, Mo–Fr 7.30–18.30, Sa 7.30–17 Uhr. Der Zürcher geht zu Honold. So sagt man. Seit 1905 bietet die Confiserie exquisite Torten und feinste Schokoladenkreationen in höchster Qualität. Und nicht zu vergessen: die besten belegten *Brötli* der Stadt! Aber erst seit 1950 kann man die Köstlichkeiten auch vor Ort genießen: im gediegenen Tea Room und im Sommer auf dem Balkon oder vor dem Geschäft.

Legendär – **Confiserie Sprüngli:** ▨ **Karte 2, A/B 4,** s. S. 30 und 87

Üppig verspielt – **Felix Café am Bellevue:** ▨ **Karte 2, C 4,** Bellevueplatz 5, Kreis 1, Tel. 044 251 80 60, www.cafefelix.ch, Tram 2, 5, 8, 9, 11: Bellevue, Mo–Di 7.30–22, Mi–Fr 7.30–23, Sa 8–23, So 9–20.30 Uhr. Die früheren Betreiber des Café Schober haben sich zwar deutlich vergrößert, sind ihrem Stil aber treu geblieben: Eine Dekoration aus Lüstern, barocken Schnörkeln, Seidendraperien und -blumen bildet den opulenten Rahmen für köstliches Gebäck und zahlreiche Frühstücksvarianten. Frühstücken kann man hier den ganzen Tag und sonntags wird zum Brunch Musik serviert.

Höchste Genüsse – **Péclard im Schober:** ■ **Karte 2, C 3,** Napfgasse 4, Kreis 1, Tel. 044 251 51 50, www. peclard-zurich.ch, Tram 4, 15: Rathaus, Mo–Mi 8–19, Do–Sa 8–23, So 9–19 Uhr. Seit der Renovierung erstrahlt die einstige Schönheit des Verkaufsraums von 1890 wieder in alter Pracht und bildet einen edlen Rahmen für die präsentierte Patisserie. In unterschiedlich gestalteten Räumen – mal inspiriert von Wiener Kaffeehäusern, mal von Pariser Salons, mal von der guten Stube Zürichs – wird Erlesenes geboten, darunter die beste *Tarte au Citron* außerhalb Frankreichs, *Quiches, Macarons, Tartines, Truffes* von Honold sowie Tees und Kaffees von Schwarzenbach.

Klein, aber fein – **TeeCafé Schwarzenbach:** ■ **Karte 2, B 3,** Münstergasse 17, Kreis 1, Tel. 044 261 13 80, www.schwarzenbach.ch, Tram 4, 15: Rathaus, Mo–Fr 8–19, Sa 9–17.30 Uhr. Direkt neben dem zugehörigen Kolonialwarengeschäft gelegen, können in dem gemütlichen kleinen TeeCafé feinste Tee- und Kaffeesorten aus der eigene Rösterei in großer Vielfalt probiert und bei Gefallen auch gleich eine Tür weiter erworben werden. Dazu gibt es täglich frischen Kuchen aus der hauseigenen Bäckerei und ein großes Angebot an Zeitungen.

Gourmet-Lokale

Künftige Sterne des Gastrohimmels – **Belvoirpark:** ■ **C 10,** Seestr. 125, Kreis 2, Tel. 044 286 88 44, www.belvoirpark.ch, Tram 7: Brunaustrasse, Di–Sa 8–24 Uhr, ab 32 CHF. In der einstigen Villa Alfred Eschers verwöhnen heute angehende Köche der Hotelfachschule Zürich den Gast in einem stilvollen, aber ungezwungenen Ambiente mit zeitgemäßer französischer Küche und saisonalen Gerichten auf höchstem Niveau. Feine Weine aus Italien, Frankreich und der Schweiz runden den Genuss perfekt ab. Verpassen sollten Sie auf keinen Fall den dreistöckigen Dessertwagen – ein Traum! Und auch das Preis-Leistungs-Verhältnis ist hervorragend. Im Sommer locken eine Terrasse mit Blick in den herrlichen Garten oder das Bistro mit täglich wechselnden Spezialitäten. Und wer dann noch immer nicht nach Hause möchte, der kann an der Bar den Abend ausklingen lassen.

Sieger, auch nach Punkten – **Mesa:** ■ **D 6,** Weinbergstr. 75, Kreis 6, Tel. 043 321 75 75, www.mesa-restaurant. ch, Tram 7, 15: Sonneggstrasse, Di–Fr 11.45–15, 18.45–24, Sa 18.24–24 Uhr, Menüs ab 168 CHF. Mit 18 Gault-Millau-Punkten ist Marcus G. Lindner der höchstdekorierte Küchenchef Zürichs. Zu Recht! Als virtuoser Meister seines Fachs zaubert er aus frischen Zutaten Klassisches, gewürzt mit zeitgemäßer Raffinesse und einem katalanischen Akzent. Dabei stehen Authentizität und Geschmack der Produkte an erster Stelle. Das hat seinen Preis, schmälert aber nicht im Geringsten den Genuss. Eine günstigere Alternative ist das wöchentlich wechselnde Lunch-Menü. Frühzeitig reservieren!

Perfekte Spitzengastronomie – **Spice:** ■ **F 5,** Germaniastr. 99, Kreis 6, Tel. 044 255 15 70, www.restaurantrigi blick.ch, Tram 9, 10: Rigiblick, weiter mit der Seilbahn bis Bergstation Rigiblick, Di–Sa 11.30–14, 18.30–0.30 Uhr, Menüs ab 142 CHF. Einst ein beliebtes Ausflugslokal unter der Ägide des Frauenvereins für alkoholfreie Wirtschaften, bietet das schnörkellos elegante Spice heute nicht nur einen traumhaften Ausblick über die Stadt, sondern bringt den Gast auch dem lukullischen Himmel ein Stück näher. Christian Nickel zelebriert eine leichte, saisonale, mit 16 Gault-Millau-Punkten und einem Michelin-Stern ausgezeichnete Küche, die unterschiedlichste kulinarische Einflüsse kreativ verschmilzt. Etwas ganz besonderes ist der *Chefs Table:* Hier erleben Sie nach vorheriger Reservierung die Zubereitung des auf Ihre Wünsche abgestimmten *Menu Surprise* live mit.

Gut und günstig

Pasta satt – **Commercio:** ■ **Karte 2, C/D 5,** Mühlebachstr. 2, Kreis 8, Tel. 044 250 59 30, www.commercio.ch, Tram 11, 15: Stadelhofen, So–Do 11–24, Fr–Sa 11–2 Uhr, ab 18 CHF. Das Restaurant mit Bar ist ein beliebter Treffpunkt und überzeugt durch seine gemütliche, etwas enge, von einer dunklen Holzvertäfelung geprägt Atmosphäre und das gute italienische Essen, das sogar bis nach Mitternacht serviert wird. Eine besondere Empfehlung ist die Pasta aus eigener Herstellung.

Zünftige Bierfreuden – **Linde-Oberstrass:** ■ **E 6,** Universitätsstr. 91, Kreis 6, Tel. 044 362 21 09, www.linde-oberstrass.ch, Tram 9, 10: Winkelriedstr., Mo–Fr 8–24, Sa 9–24, So 10–24 Uhr, ab 18 CHF. Seit 1803 wird in dem Haus süffiges Bier gebraut, u. a. das jahreszeitlich wechselnde Frühlings-, Sommer-, Herbst- oder Weihnachtsbier, das es immer nur ein paar Monate lang gibt. Das Publikum ist bunt gemischt – Quartierbewohner, Studenten und Wissenschaftler der nahe gelegenen Hochschulen –, das Essen bo-

denständig: *Mistkratzerli,* Zürcher Geschnetzeltes, *Rösti* und das nur hier servierte *Gemischte Blech* mit Ofenspezialitäten für zwei.

Die beste Pizza der Stadt – **Miracle:** ■ **F 10,** Fröhlichstr. 37, Kreis 8, Tel. 044 382 20 05, www.miracle-seefeld.ch, Tram 2, 4: Fröhlichstrasse, Mo–Fr 11–24, Sa, So 17–24 Uhr, ab 11 CHF. Die Atmosphäre in dem familiär geführten Restaurant ist gemütlich, der Service freundlich und man fühlt sich ein wenig wie in Italien. Das liegt nicht zuletzt an der hervorragenden hausgemachten Pasta und den köstlichen, hauchdünnen Pizzen, die auch viele Quartierbewohner zu schätzen wissen.

Sommeridylle im Hof – **Neumarkt:** ■ **Karte 2, C 3,** Neumarkt 5, Kreis 1, Tel. 044 252 79 39, www.wirtschaft-neumarkt.ch, Tram 3: Neumarkt, Mo–Sa 12–14, 18–24 Uhr, Juni–Aug. So ab 18 Uhr, ab 29 CHF. Im Herzen der Altstadt lockt im Sommer der versteckt liegende grüne Innenhof des Restaurants im schicken Bistrostil zum Verweilen. Und das fällt nicht schwer, denn auch wenn die Karte nicht sehr groß ist, die Qualität des mediterran inspirierten Essens ist es allemal. Neben Schweizer Klassikern auf der Speise-, findet sich auch auf der Weinkarte manch guter heimischer Tropfen. Da weder Qualität noch Atmosphäre ein Geheimnis sind, sollte man unbedingt reservieren.

Essen im Pferdestall – **Reithalle:** ■ **Karte 2, A 2,** Gessnerallee 8, Kreis 1, Tel. 044 212 07 66, www.restaurant-reithalle.ch, Tram 3, 10: Sihlpost, Löwenplatz, Mo–Mi 11–23, Do, Fr 11–24, Sa 18–4, So 18–23 Uhr, ab 20 CHF. Wo einst die Pferde der Kavallerie standen, wird heute in urigem Ambiente getafelt – bei schönem Wetter auch im rustikalen, meistens gut besuchten Biergarten am Schanzengraben (bei den Getränken Selbstbedienung). Die Küche ist mediterran inspiriert, wobei auf die Qualität der Produkte großen Wert gelegt wird.

Eine echte Alternative – **Zähringer:** ■ **Karte 2, C 3,** Zähringerplatz 11, Kreis 1, Tel. 044 252 05 00, www.cafe-zaehringer.ch, Tram 3: Neumarkt, Tram 4, 15: Rudolf-Brun-Brücke, Mo 18–24, Di–So 9–24 Uhr, ab 24 CHF. Das seit 1981 bestehende, kollektive Café und Restaurant bietet vorwiegend hausgemachte Speisen, die mit Produkten aus ökologischer und sozial verantwortlicher Produktion gefertigt werden – und das zu fairen Preisen. Entsprechend beliebt ist das Lokal bei jungen Leuten und Studenten, die auch die unkomplizierte Atmosphäre schätzen.

Laue Sommerabende am See – **Ziegel oh Lac:** ■ **D 12,** Seestr. 407, Kreis 2, Tel. 044 481 62 42, www.ziegeloh lac.ch, Bus 161, 165: Rote Fabrik, Di–So 11–24 Uhr, ab 23 CHF. Genossenschaftlich geführtes Lokal in den Gemäuern einer alten Seidenweberei im alternativen Kulturzentrum Rote Fabrik. Im Freien sitzt man an langen Biergartentischen oder in alten Schaukeln und genießt den Blick auf den See. Das Essen ist gut, man bevorzugt Bioprodukte und die Kooperation mit Kleinbetrieben und trotzdem sind die Preise moderat. Dienstagabends finden im Sommer Konzerte statt, dann ist die Küche allerdings nur bis 21 Uhr geöffnet.

Szene und Ambiente

Eine Verbeugung vor den Zutaten – **Blaue Ente:** ■ **F 11,** Seefeldstr. 223, Kreis 8, Tel. 044 388 68 40, www. blaue-ente.ch, Tram 2, 4: Tiefenbrunnen, Mo–Sa 11.30–23.30, warme Küche von 11.30–14, 18–22.30 Uhr, ab 25 CHF. Industrieller Charme kombiniert

Trendig: In der Rüsterei gehen Industriecharme und Romantik eine perfekte Verbindung ein

mit modernem, geradlinigem Design: im trendigen Restaurant setzen Relikte der Mühle Tiefenbrunnen Akzente. Küchenchef Peter Schnaibel verwöhnt seine Gäste mit feiner, zeitgemäßer Bistroküche und klassischen Kreationen von erlesener Qualität. Er achtet auf sorgfältige Auswahl und Kombination seiner Produkte, gewollte Kreativität liegt ihm fern und erst nach der Bestellung wird gekocht – frischer geht es nicht.

Thai-Küche – **Blue Monkey:** ■ **Karte 2, B 3,** Stüssihofstatt 3, Kreis 1, Tel. 044 261 76 18, www.bluemonkey.ch, Tram 4, 15: Rathaus, Mo–Fr 11.30–14, Mo–Mi 17–24, Do 17–1, Fr 17–2, Sa 15–2, So 17–23 Uhr, ab 28 CHF. Die Karte bietet gute thailändische Küche mit allen Klassikern (Achtung: »scharf« ist für europäische Zungen wirklich scharf) und eine große Cocktail-Auswahl. Im Sommer sitzt man am besten draußen auf dem allerdings recht eng bestuhlten Rosenhof.

Lateinamerikanisches Flair – **Bohemia:** ■ **F 9,** Klosbachstr. 2, Kreis 7, Tel. 044 383 70 60, www.bohemia.ch, Tram 11, 15: Kreuzplatz, Mo–Mi 6.45–24, Do, Fr 6.45–1, Sa 9–1, So 9–24 Uhr, ab 26 CHF. Leise surrende Ventilatoren, eine Bar aus dunklem Holz, gut bestückt mit diversen Rumsorten, und Bilder von Kuba an den Wänden erinnern an eine Bar mitten in Havanna. Und wie dort ist auch die Atmosphäre: total entspannt. Entsprechend begehrt ist hier ein Platz vor allem bei jungen Leuten. Neben einer vor allem von Latein- und Südamerika inspirierten Küche kann man hier erstklassigen Kaffee aus der hauseigenen Rösterei genießen oder die warme Sommernacht mit einem Cocktail kühlen.

Einzigartiges Ambiente mit Industriecharakter – **die Giesserei:** ■ **D 2,** Birchstr. 108, Kreis 11, Tel. 043 205 10 10, www.diegiesserei.ch, Tram 11: Regensbergbrücke, Mo–Fr 12–14, 18–22, Sa 18–22 Uhr, ab 30 CHF. Bröckelnder Putz und dicke Rohre entlang der Decke: die industrielle Vergangenheit des schicken Restaurants ist noch deutlich zu spüren. Ein nicht ganz alltäglicher Ort mit urbanem Flair, dem ein Kaminfeuer im Schmelzofen der ehemaligen Eisengießerei und Kerzen eine behagliche Atmosphäre verleihen. Wählen kann man zwischen 3 x 3 Gerichten: die international ausgerichteten Vor-, Haupt- und Nachspeisen sind alle aus saisonalen marktfrischen Zutaten und wechseln laufend. Keine Gefahr also, dass Langeweile aufkommt.

Marokkanisches Flair – **Maison Blunt:** ■ **C 6,** Gasometerstr. 5, Kreis 5, Tel. 043 211 00 33, www.maisonblunt.ch, Tram 4, 13, 17: Limmatplatz, Mo–Fr 11.30–14, 18–23, Sa, So 10–23, Tea Room Mo–Do 8–24, Fr, Sa 8–1, So 8–23 Uhr, ab 29 CHF. Das vor allem bei jungen Leuten beliebte Restaurant mit Tea Room in einer ehemaligen Kfz-Werkstatt ist ideal für all diejenigen, die marokkanisches Essen lieben. Besonders empfehlenswert sind die *Mezze,* die man einzeln oder in drei verschiedenen Plattengrößen wählen kann. Dazu eine erfrischende marokkanische Limonade und hinterher einen Kaffee mit Kardamom und man vergisst schnell, dass man nicht in Marrakesch, sondern in Zürich is(s)t.

Pan Asian cuisine – **Nooba:** ■ **F 9,** Kreuzplatz 5, Kreis 7, Tel. 043 243 60 06, www.nooba.ch, Tram 11, 15: Kreuzplatz, Mo–Sa 11–23, So 17–23 Uhr, ab 20 CHF. Eine kulinarische Reise quer durch Fernost! Die trendige, modern eingerichtete Noodle Bar mit Showküche bietet authentische fernöstliche Gerichte und verschmilzt dabei alle großen

Küchen Asiens: verschiedene Nudelvariationen, Suppen, Wokgerichte und Currys. Ob mild, scharf oder sehr scharf – für jeden Gaumen ist etwas dabei.

Zeitgenössisches Design – **Rüsterei:** ■ **B 10,** Kalanderplatz 6, Kreis 2, Tel. 044 317 19 19, www.ruesterei.ch, Tram 5, 13: Sihlcity Nord, Mo–Fr 11–14.30, 17–24, Sa 18–24, So 10–14.30 (Brunch), 18–22 Uhr, ab 29 CHF. Schon das Ambiente lohnt einen Besuch: In einer ehemaligen Papierfabrik hat Künstler Heinz Julen einen eleganten, stimmungsvollen Mix aus Industriekultur und Romantik geschaffen. Aber auch die gehobene, innovative Küche mit Schweizer Touch überzeugt. Der ideale Ort für einen gelungen Abend.

Die hohe Kunst des Kochens – **Segantini:** ■ **C 7,** Ankerstr. 120, Kreis 4, Tel. 044 241 07 00, www.segantini.ch, Tram 8: Helvetiaplatz, Di–Fr 11.30–14, 18–24, Sa 18–24 Uhr, ab 29 CHF. Das von Ugo Rondinone extravagant gestaltete Interieur ist der perfekte Rahmen für die ambitionierte Küche Adrian Efforts. Die Karte ist klein, aber sehr fein, so wie das Essen: 14 Gault-Millau-Punkte sprechen für sich und das Auge isst mit! Im Sommer sitzt man idyllisch in einen schönen Garten.

Stilvoll – **Tre Fratelli:** ■ **C 4,** Nordstr. 182, Kreis 10, Tel. 044 363 33 03, www.trefratelli.ch, S-Bahn 2, 8, 14: Bhf. Wipkingen, Bus Lettenstrasse, Mo–Fr 11.30–14, 18.30–24, Sa 18.30–24 Uhr, ab 29 CHF. Lichte Räume, helle Holztäfelung, Schwarz-Weiß-Fotos an den Wänden und Parkett: in dem stilvollen Ambiente wird internationale Küche von höchster Qualität zelebriert, ganz gemäß der Philosophie des Hauses, den Gast mit einfachen, ehrlichen Gerichten aus frischen Saisonprodukten zu ver-

wöhnen. Zu den Spezialitäten zählen täglich frisch zubereitete Teigwaren und Gerichte mit Fleisch vom schwarzen Gascon-Schwein aus den Pyrennäen. Schöner Garten für Sommertage.

Typisch Schweizerisch

Typisch – **Adler's Swiss Chuchi:** ■ **Karte 2, B 3,** Rosengasse 10, Kreis 1, Tel. 044 266 96 96, www.hotel-adler.ch, Tram 4, 15: Rudolf-Brun-Brücke, tgl. 11.30–23.15 Uhr, ab 20 CHF. Mitten im Niederdorf gibt es die ganze Palette der Schweizer Küche: Von *Älplermagronen* über *Capuns* und Rösti bis zu Raclette, Fondue und natürlich Zürcher Geschnetzeltem reicht die kulinarische Reise durch die Schweiz, für die die Holzvertäfelung einen passenden Rahmen bietet.

Edles aus der Schweiz – **Alpenrose:** ■ **C 5,** s. S. 67

Schweizerische Gemütlichkeit – **Fribourger Fondue Stübli:** ■ **C 7,** Rotwandstr. 38, Kreis 4, Tel. 044 241 90 76, www.fribourger-fondue-stuebli.ch, Tram 2, 3, 8, 9: Stauffacher, Sept–Mai tgl. ab 18, Okt.–März auch 11.30–14 Uhr, 28 CHF. Gibt es Schöneres als an kalten Tagen sein Brotstückchen in den dampfenden *Caquelon* zu tauchen und die wohlige Wärme des geschmolzenen Käses zu spüren? Das urige Restaurant bietet exzellente Fondues (*moitié-moitié* oder *pure vacherin*). Man kann am Schluss gar nicht anders, als den Boden des Topfes auszukratzen. Eine große Auswahl an Kirschwässern hilft hinterher bei der Verdauung.

Weltberühmt – **Kronenhalle:** ■ **Karte 2, C 4,** Rämistr. 4, Kreis 1, Tel. 044 262 99 00, www.kronenhalle.ch, Tram

2, 5, 8, 9: Bellevue, tgl. 12–24 Uhr, ab 50 CHF. Ein Zürich ohne Kronenhalle ist undenkbar. Hier speist der Zürcher, der etwas auf sich hält, um zu sehen und gesehen zu werden. Die Atmosphäre mit dunklem Holztäfer und warmem Licht ist stilvoll, das Essen exzellent, der Service unaufdringlich, die Gästeliste – Dürrenmatt, Joyce, Chagall, Picasso, Miró – berühmt und die Kunstwerke an den Wänden sind alles Originale. In jeder Hinsicht eine Institution von Weltruf.

Historische Bierhalle – **Zum Kropf:** ▪ **Karte 2, B 3,** In Gassen 16, Kreis 1, Tel. 044 221 18 05, www.zumkropf.ch, u.a. Tram 2, 6: Paradeplatz, Mo–Sa 11.30–23.30 Uhr, ab 23 CHF. Gemütliches Gasthaus mit nahezu unverändertem Originalinterieur von 1888, das unter Denkmalschutz steht: eine korinthische Säule trägt das mit barockisierenden Gemälden und Friesen geschmückte Gewölbe. Die angebotene Schweizer Küche ist gutbürgerlich und von solider Qualität.

Vegetarisch

Gesund genießen – **Restaurant Hiltl:** ▪ **Karte 2, A 3,** Sihlstr. 28, Kreis 1, Tel. 044 227 70 00, www.hiltl.ch, Tram 6, 7, 11, 13: Rennweg, Mo–Mi 6–24, Do–Sa 6–fertig, So 8–fertig, warme Küche je bis 23 Uhr, ab 22 CHF. Das 1898 gegründete älteste vegetarische Restaurant Europas erstrahlt seit 2007 in neuem, zeitgemäßem Glanz und man wählt zwischen Buffet oder freundlicher Bedienung. Die Küche ist leicht, modern und bietet Salate, internationale sowie indische Gerichte, die täglich frisch zubereitet werden. Sogar Zürcher Geschnetzeltes gibt's – eben ohne Fleisch. Bar, Klub, Konditorei und Take-away ergänzen das Angebot und am Wochenende ist geöffnet, bis der letzte Gast gegangen ist.

Wie in kaum einer and... sich in Zürich die alteh... **Zunfthäuser** in stattli... ten. Hier wurde einst Po... gemacht, auf die Statuten des Handwerks geachtet, verwaltet – und gefeiert. Einige der stimmungsvollen, geschichtsträchtigen Zunftstuben sind heute Restaurants, die zumeist traditionelle Schweizer Spezialitäten anbieten. Viele davon liegen im Umkreis des Rathauses und werden besonders von Einheimischen geschätzt. An Sechseläuten (s. S. 17) sind sie deshalb auch exklusiv den Zunftmitgliedern vorbehalten. Hier die schönsten: **Zum Grünen Glas,** ▪ **Karte 2, C 3,** Untere Zäune 15, Mo–Fr 11–14.30, 17.30–23.30, Sa 17.30–23.30 Uhr; **Haus zum Rüden,** ▪ **Karte 2, B 3,** Limmatquai 42, Mo–Fr 12–15, 18.30–24 Uhr; **Zur Schmiden,** ▪ **Karte 2, B/C 3,** Marktgasse 20, Mo–Fr 11–14, Di–Sa 18–23.30 Uhr; **Zur Waag,** ▪ **Karte 2, B 3/4,** Münsterhof 8, tgl. 11.30–14, 18–22 Uhr.

Hiltls kleiner Bruder – **Tibits:** ▪ **E 9,** Seefeldstr. 2, Kreis 8, Tel. 044 260 32 22, www.tibits.ch, Tram 2, 4: Opernhaus, Mo–Fr 6.30–24, Sa 8–24, So 9–24 Uhr. Die Atmosphäre im trendigen Lokal, einem Mix aus Restaurant und Lounge, ist locker und lockt nicht nur Vegetarier an. Am Abend ist es daher immer voll. An einem langen Büfett mit Salaten, warmen Gerichten, darunter Altbewährtes aus dem Hiltl und Exotisches, sowie Süßem kann man sich auf den Teller häufen, so viel man möchte – bezahlt wird nach Gewicht, die Preise sind angemessenen und das Brötchen ist gratis. Empfehlenswert sind die frisch gepressten Säfte in manchmal durchaus ungewöhnlichen Kombinationen.

Einkaufen

Auch wenn Zürich im Rest der Schweiz nicht immer geliebt wird, eines muss ihm jeder lassen: Man bekommt hier einfach alles, auch die ausgefallensten Dinge, in hochwertiger Qualität. Man muss nur wissen wo. Das Gros der Geschäfte konzentriert sich dabei in der City, aber auch die trendigen Kreise Aussersihl und Industriequartier sowie das beliebte Seefeld warten mit vielen individuellen Läden darauf, entdeckt zu werden.

Stilvoll ›lädeln‹

Sie ist berühmt, allseits bekannt und entfaltet, je näher sie dem See kommt, ihre ganze luxuriöse Pracht: die von Linden gesäumte, rund einen Kilometer lange **Bahnhofstrasse**, Inbegriff des exklusiven Konsums. Aber nicht nur hier, sondern auch in den angrenzenden Straßen können Gutbetuchte ihre Geldbeutel spielend erleichtern. Zwischen zahlreiche Uhren- und Juweliergeschäfte fügen sich Nobelboutiquen internationaler Modelabels, Geschäfte für edle Accessoires, Lingerie und Schuhe, Parfümerien sowie feine Confiserien. Dieser Trend setzt sich in den Gassen zur Limmat hin fort und hat dieser Seite der Altstadt den Ruf des exklusivsten Shoppingbereichs der Stadt eingetragen.

Nieder- und Oberdorf

Das Angebot vor allem entlang von Limmatquai, Münstergasse und Niederdorfstrasse ist auf eine jüngere Kundschaft zugeschnitten und lockt mit preiswerterer, angesagter Mode. In den verwinkelten Gassen zum Hirschgraben hin finden sich eine Vielzahl an kleinen, individuellen Boutiquen für Mode und Wohnaccessoires, Buchläden, Goldschmiede sowie Anbieter von Maßbekleidung und -schuhen. Antiquariate, Galerien und Antiquitätengeschäfte liegen in den Straßen hin zum Kunsthaus.

Kreis 4 und 5

Liebhaber jungen, kreativen Designs sollten sich in den beiden Trendhochburgen **Aussersihl** und **Zürich-West** umtun. Speziell im Bereich der Anker-, Josef- und Langstrasse sowie den 2010 wiederbelebten Viaduktbögen bietet sich eine hohe Dichte an originellen Läden, Ateliers und Galerien mit witzigem Design, kreativer Mode oder zeitgenössischer Kunst. Der Ideenreichtum scheint hier keine Grenzen zu kennen und seine Produkte fügen sich natürlich zwischen die exotischen Geschäfte und Billigläden des Multikultiquartiers. Eine Entdeckungstour lohnt sich!

Öffnungszeiten

Während die großen Kaufhäuser in der Regel bis 20 Uhr geöffnet haben, liegen die Kernöffnungszeiten der anderen Geschäfte zwischen 10 und 18 Uhr, samstags bis 16 Uhr. Aber Achtung: Viele kleinere Läden haben montags geschlossen! Informieren Sie sich also zeitig über die Öffnungszeiten Ihres Einkaufsziels.

CDs und Papeterien

Feine Schreibkultur – **Bookbinders:** ■ **Karte 2, C 4,** Oberdorfstr. 34, Kreis 1, www.bookbindersdesign.ch, Tram 4, 15: Helmhaus, Mo–Fr 9.30–18.30, Sa 9.30–17 Uhr. Alle, die noch gerne Briefe per Hand schreiben, Tagebuch führen, Rezeptsammlungen anlegen oder Urlaubsfotos in schöne Alben kleben, finden hier das nötige Zubehör: Das schwedische Unternehmen führt Briefbögen, Notizbücher, Agenden, Fotoalben und Schreibgeräte in zeitlos schönem Design, auf Wunsch mit persönlichen Prägungen. Individualität wird hier noch groß geschrieben.

Schatzkiste – **CD Studio:** ■ **Karte 2, B 4,** Fraumünsterstr. 27, Kreis 1, www. cdstudio.ch, u.a. Tram 2, 6: Paradeplatz, Di–Fr 11–18.30, Sa 10–16 Uhr. Jazz-, Blues-, Country- und Weltmusik, Rock-, Pop- und Loungemusik: Ob aktuelle Alben oder Sammlerstücke – das Herz jedes Musikbegeisterten wird hier ein paar Takte schneller schlagen.

Ohrenschmaus – **Jecklin:** ■ **Karte 2, D 3,** Rämistr. 42, Kreis 7, www.jecklin.ch, Tram 3, 5, 8, 9: Kunsthaus, Mo–Fr 9–19, Sa 9–17 Uhr. Ob Klassik-, Jazz-, Rock- oder Pop-Fans: Dieser CD-Laden macht alle glücklich. Vor allem die Klassikabteilung ist sehr gut bestückt und bietet manch seltene Einspielung, das Personal ist hilfsbereit und fachkundig und in gemütlichen Sesseln kann man in Ruhe die unterschiedlichen Interpretationen vergleichen. Sogar Vinylplatten sind wieder im Sortiment.

Einer für alles – **Musik Hug AG:** ■ **Karte 2, B 4,** Limmatquai 28–30, Kreis 1, www.musikhug.ch, Tram 4, 15: Helmhaus, Mo–Fr 9–18.30, Sa 9–17 Uhr. Seit 1807 in Familienbesitz, zählt Musik Hug zu den ältesten und größten Musikalienhandlungen in Europa. Diese Tradition verpflichtet: Auf fünf Stockwerken werden neben Instrumenten, darunter auch Meisterinstrumente, u. a. Bücher rund um die Musik, Noten und CDs aller Musikrichtungen, DVDs und Hi-Fi-Geräte in großer Auswahl angeboten.

Originelle Karten – **Papier 5:** ■ **Karte 2, C 3,** Neumarkt 5, Kreis 1, www. papier5.ch, Tram 3: Neumarkt, Di–Fr 10–13.30, 14.30–18.30, Sa 11–16 Uhr. Wunderschöne Karten für jeden Anlass, zum Teil mit nostalgischen Motiven, und eine große Auswahl an hübschem Briefpapier, Notizbüchern und Fotoalben.

Delikatessen

Schweizer Delikatessen – **Berg und Tal:** ■ **C 5,** Im Viadukt 50, Limmatstr. 231, Kreis 5, www.berg-tal.ch, Tram 4, 13, 17: Dammweg, Mo–Do 10–20 Fr, Sa 8–20 Uhr. Das Beste, was die Schweiz an Köstlichkeiten zu bieten hat, findet der Gourmet hier, und davon Vieles nur hier: ob Pasta aus dem Tessin, Liköre, Marmeladen, Gebäck, Wurst- oder Käsewaren, alles stammt direkt vom Erzeuger.

Dolce vita – **Caredda:** ■ **C 6,** Josefstr. 119, Kreis 5, www.konditorei-ca redda.ch, Tram 4, 13, 17: Limmatplatz, Mo–Fr 7–19, Sa 7–17, So 8.30–16 Uhr. Paolo Caredda hat ein Stück Italien nach Zürich gebracht. In dem kleinen Laden verführen die beliebten *Sfogliatelle* (mit Orangencreme gefüllte Blätterteighörnchen), feines hausgemachtes Eis, die besten Amaretti der Stadt, frische Sandwiches und andere Köstlichkeiten, die man auch vor Ort mit einem perfekten italienischen Kaffee genießen kann. Das Kalorienzählen sollte man allerdings auf einen anderen Tag verschieben.

Einkaufen

Schokoladenträume – **Confiserie Sprüngli:** 🟩 **Karte 2, A/B 4,** s. S. 30

Feinste Kost – **Globus Delicatessa:** 🟩 **Karte 2, A 2,** s. S. 29

Genusswelten – **Gourmet Factory Jelmoli:** 🟩 **Karte 2, A 2,** Seidengasse 1, Kreis 1, www.jelmoli.ch, Tram 6, 7, 11, 13: Rennweg, Mo–Sa 9–20 Uhr. Über das Interieur aus Sichtbeton und Lichtröhren kann man sich streiten, die Vielfalt und Qualität der Delikatessen sind über jede Diskussion erhaben: Sie sind einfach sensationell! Egal, ob es sich um Gewürze, Spezialitäten aus Asien oder anderen Teilen der Welt, Öle, Fleischwaren, Käse etc. handelt, hier gibt es Vieles, das man sonst vergeblich sucht. An zahlreichen Gourmetbars kann man viele Köstlichkeiten auch vor Ort genießen.

Hier geht's um die Wurst – **Prétôt:** 🟩 **Karte 2, B 3,** Kuttelgasse 3, Kreis 1, www.lafinebouche.ch, Tram 6, 7, 11, 13: Rennweg, Mo 10–18.30, Di–Sa 9–18.30 Uhr. Schon beim Betreten lässt einem der köstliche Duft das Wasser im Munde zusammenlaufen: Würste und Räucherspezialitäten aus der ganzen Schweiz, noch streng nach handwerklichen Traditionen in zumeist kleinen Metzgereien produziert, verlocken in einer enormen Vielfalt. Ergänzt mit einer kleinen Auswahl an Räucherfischen.

Exotische Genüsse – **Schwarzenbach Kolonialwaren Kaffeerösterei:** 🟩 **Karte 2, B 3,** s. S. 46

Die Kunst des Teegenusses – **Shui Tang:** 🟩 **Karte 2, C 3,** Spiegelgasse 26, Kreis 1, www.shuitang.ch, Tram 3: Neumarkt, Di–Fr 11–18.30, Sa 11–16 Uhr. Hier erwarten den Liebhaber nicht nur ausgesuchte Tees aus China, Japan und Taiwan, sondern auch erlesene Raritäten, die durch eine manchmal jahrzehntelange Lagerung an Opulenz und Finesse gewonnen haben. Für den vollkommenen Genuss kann edles Zubehör gleich miterworben werden.

Feine Truffes – **Teuscher,** 🟩 **Karte 2, B 3,** s. S. 36

Design

Ungewöhnliche Kreationen – **Einzigart:** 🟩 **C 6,** Josefstr. 36, Kreis 5, www.einzigart.ch, Tram 4, 13, 17: Museum für Gestaltung, Di–Fr 11–18.30, Sa 10–17 Uhr. Schweizer Design in Einzelobjekten oder Kleinstserien, das durch seine außergewöhnlichen Ideen, Formen und Farben begeistert, egal, ob es sich um Mobiliar, Wohnaccessoires oder Haushaltsgeräte handelt, und für jeden Geldbeutel erschwinglich ist.

Edles für zu Hause – **Limited Stock:** 🟩 **Karte 2, C 3,** Spiegelgasse 22, Kreis 1, www.limited-stock.com, Tram 3: Neumarkt, Di–Fr 11–18.30, Sa 10–16 Uhr. Tafelgeschirr, Gläser, Messer und viele andere Dinge, die das Leben schöner machen, gibt es in dieser Fundgrube für nicht alltägliche Lifestyleobjekte, einige davon exklusiv wie die handgewobenen Leinentücher aus Poschiavo.

Aus Alt mach Neu – **Marktlücke:** 🟩 **Karte 2, B 2,** Schipfe 24, Kreis 1, www.markt-luecke.ch, Tram 4, 15: Rudolf-Brun-Brücke, Mo–Fr 10–20, Sa 10–18 Uhr. Hocker aus alten Olivenölkanistern, Schalen aus Flaschen, Ohrringe aus Computerfestplatten: Neben witzigen Geschenken, Accessoires und anderen Dingen aus Recyclingmaterial werden auch neue Artikel angeboten – allesamt Produkte kleiner Werkstätten oder sozialer Integrationsprojekte. Man be-

Kitsch, Krempel und Kunst – Zürcher Märkte

Flohmarktliebhaber können auch in Zürich manch eine *Trouvaille* machen. Auf dem attraktiven Trödelmarkt am **Bürkliplatz,** ■ **Karte 2, B 4/5** (www.flohmarktbuer kliplatz.ch, Mai–Okt. Sa 6–16 Uhr, wird von Kleidung über Geschirr, Bücher, Lampen, Bilder bis hin zu altem Schmuck und Möbeln alles geboten. Nicht ganz so exklusiv, aber nicht weniger spannend und ausgefallen ist das Angebot auf dem **Kanzleiareal,** ■ **C 7** (www.flohmarktkanzlei.ch, ganzjährig Sa 8–16 Uhr). Eine Besonderheit ist das **Brockenhaus,** ■ **C 6** (Neugasse 11, www.zuercher-brocken haus.ch, Mo–Fr 10–18.30, Sa 10–16 Uhr). Seit 1904 als gemeinnützige Einrichtung betrieben, können Jäger und Sammler hier auf vier Etagen nach Herzenslust zwischen alten Büchern, Schallplatten, Geschirr, Möbeln etc. stöbern. Liebhaber alternativen Kunsthandwerks sollten sich auf dem **Rosenhof,** ■ **Karte 2, B 3** (www.rosenhof.ch, März–Dez. Do 10–20, Sa 10–17 Uhr), umsehen. Etwas versteckt in einem Innenhof unter schattigen Bäumen werden Schmuck, Tücher, Töpfer- und Lederwaren, Kleidung etc. aus aller Welt angeboten.

schenkt also nicht nur sich oder andere, sondern tut auch noch etwas Gutes.

Frisches, edles Design – **Saus und Braus:** ■ **B 7,** Ankerstr. 14, Kreis 4, www.sausbraus.ch, Tram 2, 3: Bezirksgebäude, Di–Fr 12–19, Sa 10–16 Uhr. Das Kaufhaus für Design bietet einen bunten Mix an witziger, individueller Bekleidung, Schmuck, Taschen und Wohnaccessoires von 70 zumeist Schweizer Labels.

Mode und Accessoires

Originelle Young Fashion – **Alprausch:** ■ **Karte 2, B 2,** Werdmühleplatz 4, Kreis 1, www.alprausch.com, u. a. Tram 6, 11: Bahnhofstrasse/HB, Mo–Fr 9–20, Sa 9–18 Uhr. Nicht nur die Modellnamen sind schweizerisch inspiriert, sondern auch die Schnitte und Stoffe der funktionalen jugendlichen Freizeitmode mit dem gewissen Etwas. Im Sommer ist die Bademode der absolute Renner.

Zauberhaft – **En Soie:** ■ **Karte 2, B 3,** Strehlgasse 26, Kreis 1, www.ensoie.

ch, Tram 6, 7, 11, 13: Rennweg, Mo–Fr 9–19, Sa 10–17 Uhr. Wunderschöne feminine Blusen, Röcke, Hosen und Mäntel, Seidenfoulards, filigraner Silberschmuck und herzige Wohnaccessoires aus Porzellan, Tischdecken und Kissen: Dieses Geschäft ist ein Paradies für nostalgische, verspielte Seelen.

Prêt-à-Porter – **Entre deux:** ■ **Karte 2, C 4,** Waldmannstr. 10, Kreis 1, www.entredeux.ch, Tram 2, 5, 9: Bellevue, Mo–Mi, Fr 10–18.30, Do 10–20, Sa 10–17 Uhr. Fashionvictims finden hier Couturier- und Designermode von Armani, Lagerfeld, Joop!, Max Mara u. a. zu günstigen Preisen, darunter Unikate.

Seidige Accessoires – **Fabric Frontline:** ■ **C 7,** Ankerstr. 118, Kreis 4, www.fabricfrontline.ch, Tram 8: Helvetiaplatz, Mo–Fr 10–18.30, Sa 10–16 Uhr. Schmetterlinge, Muscheln oder Blumen: Man kennt sie auf der ganzen Welt, die luxuriösen Seidenschals, Foulards, Krawatten, Kissen und Blusen der Geschwister Stutz mit ihren zarten, farbenfrohen Mustern aus der Tier- und

Einkaufen

Pflanzenwelt. Als Besonderheit gibt es Künstlereditionen und Designs nach Kundenwunsch.

Kult-Taschen – **Freitag:** ■ **B 5,** s. S. 65

Coole Streetwear – **Jamarico:** ■ **B 7,** Stauffacherstr. 95, Kreis 4, www.jamarico.ch, Tram 8, Helvetiaplatz, Mo–Fr 11–19, Sa 10–18 Uhr. Seit 20 Jahren eine Institution in Sachen unkonventioneller Mode für den *Urban Jungle:* Jeans, Sneakers, T-Shirts, Hemden, Sweater, Jacken – mal sportlich, mal klassisch, aber immer trendy und total angesagt. Vor allem die T-Shirts mit ihren lustigen Aufdrucken sind absolut hip.

Pure Swissness – **Künzli:** ■ **B 5,** Viaduktstrasse 45, Kreis 5, www.kuenzli-schuhe.ch, Tram 4, 13, 17: Dammweg, Di–Fr 11–18.30, Sa 11–17 Uhr. Die perfekte Alternative zu allen Asphaltsneakern Made in Asia. Seit über 50 Jahren stellt Künzli zeitlos elegante, sportliche Schuhe her, die sich auch durch nachhaltige Produktion auszeichnen.

Montreal in Zürich – **Lolë:** ■ **B/C 5,** Viaduktstrasse 25, Kreis 5, www.lolewomen.com, Tram 4, 13, 17: Dammweg, Mo–Fr 11–19, Sa 10–17 Uhr. Das erste Atelier des kanadischen Labels in Europa führt freche, modische Activewear für junge und jung gebliebene Frauen.

Ideale Sommerbegleiter – **Swallow-d:** ■ **C 6,** Josefstr. 12, Kreis 5, www.swallow-d.com, Tram 4, 13, 17: Museum für Gestaltung, Di–Fr 12–19, Sa 12–17 Uhr. Das Sortiment von Tamara Rist, Schwester der Künstlerin Pipilotti Rist, ist heiter wie ein entspannter Urlaubstag: frische Mode – Hosen für ihn, Oberteile und bunte Sommerröcke für sie – und Taschen aus sonnigen Liegestuhlstoffen. Ferner im Angebot: Design der 1960er- und 1970er-Jahre und witzige Uhren aus alten Plattencovern.

Souvenirs

Für Verspielte – **AHA:** ■ **Karte 2, C 3**, Spiegelgasse 14, Kreis 1, www.aha-zurich.ch, Tram 4, 15: Rathaus, Di–Fr

Von Edelboutiquen bis hin zu Flohmärkten: Zürich ist ein Shoppingparadies

13–18.30, Sa 11–16.30 Uhr. Hier finden wir in Hülle und Fülle, was uns schon als Kinder fasziniert hat und als Erwachsene noch immer in den Bann schlägt: Gedulds- und Geschicklichkeitsspiele sowie Objekte, die mit magnetischen, optischen und physikalischen Phänomenen verblüffen und verzaubern.

Am Puls von Zürich – **Comics-Shop:** ■ **Karte 2, C 3,** Froschaugasse 7, Kreis 1, www.comics-shop.ch, Tram 3: Neumarkt, Mo–Mi 10–18.30, Do, Fr 10–20, Sa 10–17 Uhr. Die beliebte Serie »Zürich by Mike«, die in humorvollen Geschichten das pralle Leben Zürichs und die menschlichen Schwächen ganz generell unter die Lupe nimmt, ist ein ideales Züri-Andenken.

Ein Stück Schweiz für zu Hause – **Heimatwerk:** ■ **Karte 2, B 2,** Uraniastr. 1, Kreis 1, www.heimatwerk.ch, Tram 4, 15: Rudolf-Brun-Brücke, Mo–Fr 9–20, Sa 9–18 Uhr. Traditionelle Souvenirs und Kunsthandwerk aus allen Schweizer Kantonen, angefangen bei den typischen Andenken wie Fondueset oder Käsebrett bis hin zu Spielsachen, Schmuck, Mode und Accessoires, zu denen die mittlerweile zu Klassikern avancierten Taschen aus Armeedecken gehören. Die Qualität ist top, allerdings haben die schönen Dinge ihren Preis.

Stadtansichten – **Zürichfoto.ch:** ■ **Karte 2, C 3/4,** Kirchgasse 32, Kreis 1, www.zuerichfoto.ch, Tram 4, 15: Helmhaus, Di–Fr 12–19, Sa 11–16 Uhr. Sehenswürdigkeiten, malerische Gassen und pittoreske Details der Altstadt – Rolf Müllestein versteht es, Zürich ins rechte Bild zu setzen und altbekannte Motive und Ansichten aus neuen Blickwinkeln zu zeigen. Seine Schwarz-Weiß-Fotografien sind gerahmt und signiert erhältlich, einige davon auch koloriert.

Uhren und Schmuck

Traditionshaus seit 250 Jahren – **Beyer:** ■ **Karte 2, A 3,** s. S. 30

Eine runde Sache – **id-Atelier:** ■ **B 7,** Kanzleistr. 119, Kreis 4, www.id-atelier.com, Tram 2, 3: Kalkbreite, Di–Fr 10–18.30, Sa 11–16 Uhr. Inka Dörflers Goldschmiedearbeiten thematisieren in vielfältiger Weise das Rund: als Kreis, Kugel oder Punkt. Dass das nicht langweilig wird, beweisen ihre mal schlichten, mal verspielten, mal grafischen Kreationen, die durch die Wahl und Kombination des Materials bestechen. Neu im Programm sind Wohnaccessoires.

Meisterwerke aus Harz – **Sirup:** ■ **B 7,** Schreinerstr. 43, Kreis 4, www.atelier-sirup.ch, Tram 2, 3: Kalkbreite, Do, Fr 11–18.30, Sa 11–16 Uhr. Bei Patricia Gottet dreht sich alles um den Werkstoff Kunstharz, der mal zu fröhlich bunten, mal zu zeitlos schlichten Schmuckstücken verarbeitet wird. Ein Hingucker sind die Unikate in jedem Fall.

Schweizer Exportschlager – **Swatch:** ■ **Karte 2, B 2,** Bahnhofstr. 94, Kreis 1, www.swatch.com, Tram 6, 7, 11, 13: Bahnhofstrasse/HB, Mo–Fr 9.30–19, Sa 9–17 Uhr. Als die Schweizer Uhrenindustrie in den 1980er-Jahren in der Krise steckte, belächelten viele Kollegen die Plastikuhr des Tausendsassas Nicolas G. Hayek, doch der Erfolg gab ihm Recht. Mit immer neuen Designs und Modellen ist Swatch bis heute eine Kultuhr geblieben, auch wenn der erste Hype etwas abgeebbt ist. Daneben bietet die Linie Swatch Bijoux Schmuck für junge Leute.

Uhrenspezialist seit 1903 – **Türler:** ■ **Karte 2, B 4,** s. S. 31

Ausgehen – abends und nachts

Spürten Nachtschwärmer bis vor einigen Jahren noch den Geist des zwinglischen Erbes, hat sich Zürich heute zur Kultur- und Partymetropole Nr. 1 in der Schweiz gemausert und beeindruckt mit einer enormen Vielfalt an Theatern, Bars, Clubs und Discos. Durch ihre überschaubare Größe zerfällt die Stadt allerdings nicht in weit voneinander entfernte Ausgehviertel, zwischen denen ein Hin- und Her-Wechseln zeitaufwendig ist. Von ein paar Ausnahmen abgesehen, liegt alles relativ nah beieinander, was das Club- oder Bar-Hopping erleichtert und so viel Spielraum für die Gestaltung des Abends lässt.

Schlaflos in der City
Im Dreieck zwischen **Sihl, Limmat** und **Zürichsee** sowie rund um das **Bellevue** liegen mit Tonhalle, Opern- und Schauspielhaus nicht nur die Urgesteine der klassischen Unterhaltung, hier finden sich auch viele renommierte Bars und einige der Top-Clubs.

Ganz anders das **Niederdorf**, wo eine Kneipe an der anderen liegt, alles lärmiger und weniger chic ist. Auch wenn noch das eine oder andere Etablissement an die einstige Sündenmeile erinnert, amüsiert sich hier heute ein bunt gemischtes Völkchen aus Einheimischen, Studenten und Touristen. Auch das Zentrum der Zürcher Gay-Szene ist hier zu finden.

Eine Zürcher Besonderheit sind die **Badi-Bars**, Schwimmbäder, die sich im Sommer abends in Freiluftbars verwandeln. Bei Cocktails und kühlen Getränken genießen hier vom Studenten bis zum Businessman alle unbeschwerte Sommernächte.

Pulsierendes Zürich-West
Der ehemals ›wilde Westen‹ ist das ideale Ausgehterrain. In der Umgebung von **Escher-Wyss-Platz** und **Hardbrücke** hat sich seit den 1990er-Jahren die dichteste und vielfältigste Club- und Discoszene angesiedelt, die vom ewig jungen Supermarket bis zum stylischen Indochine reicht. Kristallisationspunkte des Quartiers sind das Steinfels-Areal, das Puls 5 und der Schiffbau. Vor allem junge Partygänger jeder Couleur kommen hier auf ihre Kosten.

Veranstaltungstipps
Aktuelle Informationen zum Veranstaltungskalender findet man u. a. in der Tagespresse. **NZZ** und **Tages-Anzeiger** haben dabei ihren Schwerpunkt auf Theater, Oper, Klassikkonzerten und Kino. Die kostenlose Donnerstagsbeilage des Tages-Anzeigers, der **Züritipp**, bietet darüber hinaus umfassende Infos zu Livemusik, Events und Nachtleben. Auch die Gratiszeitung **20 minuten** enthält einige Tipps zum jeweiligen Tag. Im **Internet** informieren folgende Websites sehr gut: www.zueritipp.ch, www.x-tra.ch, www.kulturmeile.ch (speziell zu Zürich-West), www.usgang.ch, www.partysearch.ch.

Bars

Kult – **barfussbar:** ■ **Karte 2, B 4,** Stadthausquai, Kreis 1, www.barfuss bar.ch, Tram 2, 5, 8, 9, 11: Bürkliplatz, Mitte Mai–Mitte Sept. Mi, Do, So ab 20 Uhr. Tagsüber den Frauen vorbehalten, dürfen ab 20 Uhr auch Männer die Freuden einer blauen Stunde im alten Holzbad mit Blick auf das Grossmünster genießen – wenn auch sie ihre Schuhe am Eingang ausziehen. Es gibt kaum etwas Erquickenderes, als die Beine im lauen Wasser der Limmat baumeln zu lassen und dabei an einem kühlen Drink zu nippen. Diese einzigartige Stimmung spricht demzufolge auch ein buntes Publikum an, denn nur richtiger Urlaub ist schöner. Mittwochs ist Kulturtag, dann stehen Konzerte, Lesungen, Kabarett etc. auf dem Programm.

In-Treff in Zürich-West – **Hard One:** ■ **B 5,** s. S. 66

Nah bei den Sternen – **Jules Verne Bar:** ■ **Karte 2, B 2,** s. S. 34

Zürichs Inner Circle – **Kronenhalle:** ■ **Karte 2, C 4,** Rämistr. 4, Kreis 1, www.kronenhalle.com, u.a. Tram 2, 5: Bellevue, So–Do 11.30–24, Fr, Sa 17–0.30 Uhr. Fast wie in einem englischen Club: dunkelbraunes Mahagoniholz, Marmortische, mit dunkelgrünem Leder bezogene Polster und Wände, dekoriert mit Unikaten berühmter Gäste wie Klee, Picasso oder Tinguely. Nicht nur die stadtbesten, häufig prämierten Drinks, sondern auch die elegante, nicht durch Musik beeinträchtigte Atmosphäre locken Theatergänger, Businessleute und viel Zürcher Prominenz an. Wer etwas auf sich hält, geht in diese Bar.

Berühmter Avantgardetreff – **Odeon:** ■ **Karte 2, C 4,** Limmatquai 2, Kreis 1, www.odeon.ch, Tram 2, 5, 8, 9, 11: Bellevue, So–Do 7–2, Fr, Sa 7–4 Uhr. Nach seiner Eröffnung 1911 avancierte das Café schnell zu einem beliebten Treffpunkt der geistigen Elite. Einheimische wie Exilanten diskutierten hier bis spät in die Nacht über Kunst, Literatur und Politik. Ob sich auch heute künftige Stars der Kulturszene hier tummeln, wird die Zukunft zeigen. Bei Nachtschwärmern ist das Lokal, das trotz seiner Halbierung und der Unterbringung einer Apotheke nur wenig von seinem Jugendstilcharme eingebüßt hat, jedenfalls ungebrochen beliebt.

Höchste Barkultur – **Old Fashion Bar:** ■ **Karte 2, B 4,** s. S. 41

Für laue Sommerabende – **Rimini Bar:** ■ **C 8,** Badweg 10, Kreis 1, www.rimini.ch, Tram 8: Bahnhof Selnau, Mo–Do ab 19.15, Fr ab 18.45, Sa ab 17 Uhr. Bei schönem Wetter verwandelt sich die Männerbadi in den Sommermonaten abends in eine kultige Bar, wo man auf Bänken und Sitzkissen entspannen kann. Doch die sind sehr begehrt, sodass man zeitig da sein sollte, denn aus dem einstigen Geheimtipp ist ein beliebter und daher immer gedrängt voller In-Treff geworden. Wenn es dunkelt, sorgt eine bunte Beleuchtung für eine besonders stimmungsvolle Atmosphäre. Zur Stärkung gibt es neben Getränken auch Pizzen, Salate und Sandwiches an der Selbstbedienungsbar.

Mondän – **terrasse:** ■ **Karte 2, C 4,** Limmatquai 3, Kreis 1, www.bindella.ch, Tram 2, 5, 8, 9, 11: Bellevue, Restaurant Mo–Fr 11.30–14, 18–24, Sa, So 10–24, Lounge Mo, Di 10–1, Mi–Sa 10–2, So 10–24, Bar Mo, Di 11.30–1, Mi–Sa 11.30–2, So 11.30–24 Uhr. Früher neben dem Odeon das zweite Herzstück der Künstler- und Literatenszene, vereint das Haus heute mediterranes Restaurant, moderne Bar und Lounge mit einem sensationellen Garten. Regelmäßige Livekonzerte (Jazz, Blues, Soul) ziehen vor allem ein junges, trendiges Publikum an.

Jazz und Whiskey – **Widder Bar:** ■ **Karte 2, B 3,** Hotel Widder, Rennweg 7, Kreis 1, Tel. 044 224 25 26, www.widderhotel.ch, Tram 6, 7, 11, 13: Rennweg, Mo–Mi 11.30–1, Do–Sa 11.30–2, So 11.30–24 Uhr, bei schönem Wetter erst ab 18 Uhr. Sie ist nicht einfach eine Pianobar, sondern eine intime Jazzbar, in der sich schon Größen von Benny Golson bis Diana Krall die Klinke in die Hand gegeben haben (Konzerte Okt.–Jan./ März–Mai). Die zweite Attraktion der Bar ist die »Library of Spirits« mit alleine 250 Single Malt Whiskey-Sorten – nicht die größte Kollektion weltweit, aber hier sollte sich für jeden Liebhaber etwas finden lassen.

Clubs und Diskotheken

Morphing Clubbing – **Hive:** ■ **B 5,** Geroldstr. 5, Kreis 5, Tel. 076 321 32 16, www.hiveclub.ch, Tram 4, 13, 17: Escher-Wyss-Platz, Do–Sa ab 23 Uhr, Eintritt ca. 25–30 CHF. Kaum ein anderer Club ist so hart am Puls der elektronischen Musik und versucht immer wieder neue Trends aufzuspüren. Dabei finden hier nicht nur renommierte internationale Acts eine Plattform, sondern auch viele Schweizer Künstler.

Asiatisches Ambiente – **Indochine:** ■ **B 5,** Limmatstr. 275, Kreis 5, Tel. 044 448 11 11, www.club-indochine.com, Tram 4, 13, 17: Dammweg, Do 22–3, Fr, Sa 22–4 Uhr, Eintritt 20–30 CHF. Der Name ist Programm: Das Ambiente in dem 2004 mit dem Finest Club Award ausgezeichneten Club erinnert an die französische Kolonialzeit in Indochina.

Internationale Top-DJs legen einen breiten Musikmix auf, der sich von Klassikern bis House und Nu Jazz spannt.

Stylish – **Jade:** ■ C 8, Brandschenkestr. 25, Kreis 2, Tel. 044 202 80 02, www.jade.com, Tram 2, 9: Sihlstrasse, Fr, Sa 22–4 Uhr, Eintritt 30 CHF. Wer dazugehört, geht ins Jade – wer nicht, kommt vielleicht gar nicht erst rein. Der Edelclub ist durchgestylt bis in die letzte Ecke, der Musikmix vielleicht ein bisschen zu breit angelegt. Aber hier geht es auch eher ums Dabeisein.

Mainstream – **Kanzlei:** ■ C 7, Kanzleistr. 56, Kreis 4, Tel. 044 291 63 11, www.kanzlei.ch, Tram 8: Helvetiaplatz, Fr, Sa 23–4 Uhr, Eintritt 20 CHF. Mitten auf dem Helvetiaplatz wird ein breites, größtenteils mainstream-taugliches Musikspektrum von HipHop über R'n'B bis Ragga geboten. Das Publikum ist großenteils studentisch, besonders beliebt sind die freitäglichen FEZ-Parties für 23-Jährige aufwärts, die nostalgische Erinnerungen an den Discospaß der 70er bis 90er-Jahre aufleben lassen.

›Der‹ Schweizer Club – **Kaufleuten:** ■ **Karte 2, A 3,** Pelikanplatz, Kreis 1, Tel. 044 255 33 22, www.kaufleuten.com, Tram 2, 9 Sihlstraße, Tram 6, 7: Rennweg, Di–Do 23–2, Fr, Sa 23–4, So 22–2 Uhr, Eintritt 20 CHF. ›Sehen und Gesehenwerden‹ ist das Motto im Schweizer Top-Club. Es polarisiert zumindest: den einen zu schickimicki, für die anderen die coolste Location überhaupt. Männer alleine haben auf jeden Fall schlechte Chancen, eingelassen zu werden und zu HipHop, House oder R'n'B abzutanzen. Neben Parties finden auch etliche Konzerte und andere Kulturveranstaltungen statt.

Eine Institution – **Mascotte:** ■ **Karte 2, C 5,** Theaterstr. 10, Kreis 1,

Tel. 044 260 15 80, www.mascotte.ch,
Tram 2, 5, 8: Bellevue, Mi–Mo ab 23, Di
ab 22 Uhr, Eintritt 10–25 CHF, Mo frei.
So gemischt wie das Musikprogramm
des ältesten Clubs von Zürich ist auch
das Publikum, insgesamt aber relativ
jung und relativ mainstreamig. Von Hel-
ge Schneider über Udo Jürgens bis Nel-
ly Furtado reicht die Liste der Acts. Legendär sind die Standup-Comedy-
Shows »Funny Laundry« und natürlich
die »Karaoke from Hell«-Abende (jeden
Di) – falls Sie schon immer mal mit
Band live auf der Bühne auftreten wollten …

Szene-Urgestein – **Supermarket:** ■
B 5, Geroldstr. 17, Kreis 5, Tel. 044 440
20 05, www.supermarket.li, Tram 4, 13,
17: Escher-Wyss-Platz, Fr, Sa ab 23 Uhr,
Eintritt 20–30 CHF. Der Supermarket ist
eine der Keimzellen der Clubszene in Zürich-West und entstand, als hier noch
nicht alles trendy und stylish war. Mit seinem Underground-Mix aus House, Tech-
no und Elektro ist er immer noch Kult
und keineswegs in die Jahre gekommen.
Dazu leistet nicht nur das relativ junge
Publikum seinen Beitrag, sondern auch
das Ambiente des Backsteinbaus mit
Stahlträgern und Betonboden.

Angesagt – **Zukunft:** ■ **C 7,** Die-
nerstr. 33, Kreis 4, www.zukunft.cl,
Tram 8: Helvetiaplatz, wechselnde Öffnungszeiten und Preise. Mitten im
Langstrassen-Quartier versteckt sich
ganz unauffällig einer der momentan
angesagtesten Clubs von Zürich, der
sich stilistisch nicht festlegen lässt.
Hier gibt es alles von Dub über Deep
House bis zu Drum ‚n' Bass – und natürlich auch jegliche denkbare Mischung. Aber vielleicht ist es gerade
deshalb immer so knallvoll, dass bei
Weitem nicht jeder durch die strenge
Türkontrolle kommt.

Live-Musik

Independent – **Abart:** ■ **B 9,** Ma-
nessestr. 170, Kreis 3, Tel. 044 201 82
45, www.abart.ch, S-Bahn: Bhf. Giesshübel, Fr, Sa ab 23 Uhr Party (Eintritt
15–18 CHF). Das Abart steht im Ruf,
ein Mekka der Independent-Musik zu
sein, doch treten hier auch Bands oder
Künstler wie New Model Army, Mando
Diao oder Christina Stürmer auf, die
ein weitaus breiteres Publikum errei-
chen. Insgesamt ist die Ausrichtung
von Konzerten und Parties aber ganz
klar Richtung Rock bis hin zu Metal
und Gothic.

Club, Konzerte, Kultur – **Kaufleuten:**
■ **Karte 2, A 3,** s. S. 108

›Der‹ Jazzclub – **Moods:** ■ **B 5,**
Schiffbaustr. 6, Kreis 5, Tel. 044 276 80
00, www.moods.ch, Tram 4, 13, 17
Escher-Wyss-Platz, S-Bahn: Bhf. Hardbrücke, Mo–Sa ab 19.30, So ab 18 Uhr.
Weit über Zürich hinaus reicht das Re-
nommee des Moods, sodass hier internationale Größen des Jazz, Funk und
Soul auftreten. Aber auch lokale Musi-
ker finden hier immer wieder eine Bühne. Das breite Spektrum reicht vom Fa-
do bis zum HipHop. So kommen leicht
an die 250–300 Veranstaltungen im
Jahr zusammen, für die der Schiffbau
ein entsprechendes Ambiente bietet.

Alternatives Kulturzentrum – **Rote**
Fabrik: ■ **D 12,** Seestr. 395, Kreis 2,
Tel. 044 485 58 58, www.rotefabrik.ch,
Tram 7, Bhf. Wollishofen. Was 1980 als
autonomes Jugendzentrum in den Gemäuern einer ehemaligen Seidenweberei begann, ist heute eines der wichtigsten Kulturzentren Zürichs, das immer noch als Kollektiv geführt wird.
Unter einem Dach finden Konzerte und
Ausstellungen statt, wird Theater ge-

spielt und gegessen. In unterschiedlichen Locations werden rund 100 Live-Konzerte im Jahr veranstaltet, deren Bandbreite vom Jazz über Rock und R'n'B bis zum HipHop reicht. Hier treten die wirklichen Independents auf.

Große Bandbreite – **Volkshaus:** ■ **C 7**, Stauffacherstr. 60, Kreis 4, Tel. 044 241 64 04, www.volkshaus.ch, Tram 8: Helvetiaplatz. Kaum ein anderer Veranstaltungsort in Zürich bietet eine solche Bandbreite wie das Volkshaus, das 1910 auf Initiative der Sozialdemokraten und der Gewerkschaften eröffnet wurde. Bei den Konzerten ist zwar ein Schwerpunkt in den Bereichen Jazz, Blues und Soul auszumachen, doch treten hier auch durchaus renommierte Künstler und Bands anderer Stilrichtungen auf. Aber auch Comedians und die Chippendales gastieren in dem Traditionshaus.

Schwul und Lesbisch

Bar & Sushi – **Barfüsser:** ■ **Karte 2, C 3**, Spitalgasse 14, Kreis 1, Tel. 044 251 40 64, www.barfuesser.ch, Tram 4, 15: Rudolf-Brun-Brücke, Mo–Sa ab 11, So ab 15 Uhr. Das 1956 eröffnete Barfüsser ist der älteste Gay-Treffpunkt Zürichs und inzwischen eine Institution, die sich ihren Status durch die Standhaftigkeit in den Zeiten der Repression schwulen und lesbischen Lebens erworben hat. Seit 2002 kommt es als stylische Sushi-Bar daher.

Lieblingsbar – **Cranberry:** ■ **Karte 2, B 3**, Metzgergasse 3, Kreis 1, Tel. 044 261 27 72, www.cranberry.ch, Tram 4, 15: Rathaus, tgl. ab 17 Uhr. Nicht ohne Grund die beliebteste Schwulen-Bar Zürichs: gute Cocktails, gute Stimmung, nette Bedienung.

Club in Zürich-West – **Labor-Bar:** ■ **B 5**, Schiffbaustr. 3, Kreis 5, Tel. 044 272 44 02, www.laborbar.ch, Tram 4, 13, 17: Escher-Wyss-Platz, S-Bahn: Hardbrücke, Do 21–2, Fr 22–4, Sa 22.45–5 Uhr, Eintritt 20–30 CHF. Die Labor-Bar spricht ein dezidiert gemischtes Publikum an, ist aber bei Gays sehr beliebt. Im alten Labor von Escher Wyss geht es nicht um Sehen und Gesehenwerden, sondern um Spaß bei guter Musik. Hier wird auch wöchentlich die TV-Sendung von Kurt Aeschbacher gedreht.

Klassiker – **T&M:** ■ **Karte 2, B 3**, Marktgasse 14, Kreis 1, Tel. 044 266 18 18, www.g-colors.ch, Tram 4, 15: Rathaus, tgl. ab 21.30 Uhr (bis 22.30 kostenlos). 1987 als erste Gay-Disco der Schweiz eröffnet, ist das T&M zwar etwas in die Jahre gekommen, trotzdem ist es immer noch angesagt. Disco und Charts wechseln mit House und R'n'B – am Wochenende immer bis zum frühen Morgen. Außerdem gibt es regelmäßig Travestie-Shows. Das ganze Haus ist auf das schwul-lesbische Leben fokussiert und beherbergt außerdem das Hotel Goldenes Schwert, den Club Aaah! und die Pigalle Bar.

Konzerte und Oper

Hochkarätiges Musiktheater – **Opernhaus:** ■ **E 9**, Theaterplatz 1, Kreis 1, www.opernhaus.ch, Tram 2, 4: Opernhaus, Tickets 16–380 CHF, Kartenverkauf über Website, telefonisch (Tel. 044 268 66 66, Mo–Sa 11.30–18 Uhr) oder an der Billettkasse (Mo–Sa 11–18 Uhr bzw. bis Vorstellungsbeginn, So nur Abendkasse 1 ½ Std. vor Beginn). Exzellente Solisten wie Agnes Baltsa, Cecilia Bartoli, Vesselina Kasarova, Thomas Hampson oder Jonas Kaufmann sind dem Haus seit Jahren verbunden und

Vorhang auf! - Theater in Zürich

Zürich verfügt über ein reiches Angebot an kleinen und großen Bühnen, deren nicht selten international beachtetes Repertoire für jeden Geschmack und Geldbeutel etwas bietet. Das **Schauspielhaus,** ■ **Karte 2, D 3/4** (Rämistr. 34, www.schauspielhaus.ch, s. S. 75), mit seiner Dependance im **Schiffbau,** ■ **B 5** (Schiffbaustr. 4), zählt zu den bedeutendsten Sprechbühnen im deutschsprachigen Raum. Hier werden neben Klassikern zeitgenössische Stücke und Uraufführungen geboten, die nicht selten für Furore sorgen. Mit Barbara Frey, einer der gefragtesten Regisseurinnen der Gegenwart, ist hier seit 2009 zum ersten Mal eine Frau künstlerische Direktorin.

Dem innovativen Gegenwartstheater hat sich seit 1964 das **Theater an der Winkelwiese,** ■ **Karte 2, C 4** (Winkelwiese 4, www.winkelwiese.ch). in der Villa Tobler verschrieben. Hier kamen einst Dramen von Beckett, Ionesco oder Pinter schweizweit erstmals zur Aufführung. Gemäß seinem Anspruch, aktuelle gesellschaftliche und politische Themen aufzugreifen, bietet das Theater auch jungen Autoren eine Bühne. Experimentierfreudiges und zeitgenössisches Theater mit politischen Akzenten wird des Weiteren auch im **Theater am Neumarkt,** ■ **Karte 2, C 3** (Neumarkt 5, www.theaterneumarkt.ch), geboten.

Feinste Kleinkunst und Kabarett haben ihr Zuhause in **Miller's Studio,** ■ **F/G 11** (Mühle Tiefenbrunnen, Seefeldstr. 225, www.millers-studio.ch), das jeweils im Mai ein zehntägiges internationales Kabarettfestival veranstaltet, im **Theater am Hechtplatz,** ■ **Karte 2, C 4** (Hechtplatz 7, www.theaterhechtplatz.ch), und in der **Herzbaracke,** ■ **Karte 2, B 5 (**Utoquai, www.herzbaracke.ch). Letztere, ein schwimmendes Hausboot in Blau, gastiert zwischen September und Mai in den Seegemeinden und legt in den Wintermonaten (Nov.–März) am Bellevue an. Mit szenischen Lesungen und Inszenierungen von Theaterliteratur hat sich seit einigen Jahren das kleine **sogar theater,** ■ **C 6** (Josefstr. 106, www.sogar.ch) einen Namen gemacht. Auch das Theater **Keller 62,** ■ **E 8** (Rämistr. 62, www.keller62.ch), hat Lesungen, Lieder- und Soloabende im Programm, immer wieder ergänzt durch Gastspiele auswärtiger Bühnen bzw. Ensembles. Mit herrlichem Boulevardtheater begeistert das **Bernhard-Theater,** ■ **E 9** (Theaterplatz, www.bernhard-theater.ch), neben dem Opernhaus und als Spielstätte für freies Theater hat sich das **Theaterhaus Gessnerallee,** ■ **Karte 2, A 2** (Gessnerallee 8, www.gessnerallee.ch), etabliert, dessen Programm so vielfältig wie die auftretenden Gäste ist: Sprechtheater, Tanz, Gesang etc.

Das **Theater 11,** ■ **E 1** (Thurgauerstr. 7, www.theater11.ch), bietet für Freunde von Musical, Comedy und Tanz mit einem vielfältigen Programm nationaler und internationaler Produktionen Entertainment pur.

Während der Sommerpause bietet das zweiwöchige **Theater Spektakel,** ■ **D 11** (Landiwiese, www.theaterspektakel.ch), als großes Festival zeitgenössischer darstellender Kunst vielen internationalen Künstlern eine Bühne und dem Publikum kulturelle Delikatessen renommierter Größen des Fachs und junger Talente.

Die aktuellen **Programme** finden Sie in den Tageszeitungen, auf den Websites der einzelnen Bühnen oder unter www.kulturinfo.ch.

Eine der weltweit ersten Adressen für Opernliebhaber ist das Zürcher Opernhaus

tragen ebenso zu seinem internationalen Ruhm bei wie die renommieren Dirigenten. Neben den viel beachteten Opernproduktionen, zu denen immer wieder auch Uraufführungen gehören, hat sich das Ballett unter Heinz Spoerli zu einer der bedeutendsten Tanzkompanien in Europa entwickelt. Die Karten, die ab Beginn der Spielzeit für alle Vorstellungen erhältlich sind (ausgenommen Premieren und Volksvorstellungen, die erst einen Monat vorher in den Verkauf gelangen), sind teuer, aber das musikalische Vergnügen ist erstklassig und lohnt die Investition.

Klassischer Ohrenschmaus – **Tonhalle: ■ D 9**, Claridenstr. 7, Kreis 1, Tel. 044 206 34 34, www.tonhalle-orchester.ch, Tram 2, 5, 8, 9, 11: Bürkliplatz, Tickets 20–175 CHF (Grosser Saal), 20–75 CHF (Kleiner Saal), Billettkasse Mo–Fr 10–18 Uhr bzw. bis Konzertbeginn, Sa, So Vorverkauf 1 ½ Std. vor Beginn. Der Besuch der Tonhalle ist ein musikalisches Erlebnis höchster Güte: Berühmte Solisten und Dirigenten geben im herrlichen Rahmen des großen Saals, einem der besten Konzertsäle der Welt, mit dem nicht weniger renommierten Tonhalle-Orchester eindrucksvolle Konzerte klassischer Musik des 18.–20. Jh. Aber auch Jazz-Konzerte erklingen hier, Kammermusik-Matineen, Familien- und Lunchkonzerte. Darüber hinaus ist die Tonhalle auch Spielstätte des ZKO, des Zürcher Kammerorchesters.

Oper und Ballett für kleines Geld: Zu den regulären Tickets des Opernhauses sind die Karten für Volksvorstellungen, die bis zu einem Viertel des regulären Preises betragen, eine günstige Alternative. Aber Achtung: Diese Karten können erst einen Monat vor der Vorstellung gekauft werden und es werden maximal vier Karten pro Person abgegeben!

Kino

Badi-Kino – **Filmfluss:** ■ **C 5,** Freibad Unterer Letten, Wasserwerkstr. 141, Kreis 10, Tel. 044 362 10 80, www.film fluss.ch, Tram 4, 13, 17: Dammweg, Mi–So 21.30 Uhr, Tickets 18 CHF. Für drei Wochen im Juli verwandelt sich die beliebte Badeanstalt abends in ein Open-Air-Kino mit ganz speziellem Charme. Die 550 Plätze sind meist gut belegt. Gezeigt werden in erster Linie internationale Filmkomödien, aber auch Dramen, die in den letzten ca. 15 Jahren in den Kinos zu sehen waren.

Klassisches Kino – **Filmpodium:** ■ **Karte 2, A 3,** Nüschelerstr. 11, Kreis 1, Tel. 044 211 66 66, www.filmpodium. ch, Tram 6, 7, 11, 13: Rennweg, tgl. 18.15, 20.45, Mi–So auch 15 Uhr, Tickets 16 CHF. Das von der Stadt Zürich und der Cinémathèque Suisse getragene Kino residiert in den historischen Räumen des 1948/49 erbauten Kinos Studio 4, das zu den wichtigsten Bauten der unmittelbaren Nachkriegszeit in Zürich gehört. Die Filmreihen sind auf die Vermittlung des Films als Kunstform ausgerichtet und jeweils einzelnen Schauspielern, Regisseuren, Ländern oder Genres gewidmet.

Kino am See – **OrangeCinema:** ■ **E/F 11,** am Zürichhorn, Kreis 8, www.orangecinema.ch, Tram 2, 4: Fröhlichstrasse, Beginn ca. 21–21.45 Uhr, Tickets 22 CHF. Von Mitte Juli bis Mitte August werden auf der Leinwand direkt am Zürichsee täglich aktuelle internationale Blockbuster gezeigt – wie in der Schweiz üblich, als Originalfassung mit Untertiteln. Die Kulisse des Zürichsees und der Berge im Hintergrund verleiht der 1 700 Zuschauer fassenden Open-Air-Bühne ein ganz besonderes Flair.

Programmkino – **Xenix:** ■ **C 7,** Kanzleistr. 52, Kreis 4, Tel. 044 242 04 11, www.xenix.ch, Tram 8: Helvetiaplatz. In einer provisorischen Schulbaracke von 1904 betreibt der Filmklub Zürich ein Programmkino und zeigt Filmperlen, die an anderen Spielstätten nie oder nur selten laufen. Das Programm wechselt täglich und zwei Reihen pro Monat sind bestimmten Themen, Schauspielern oder Regisseuren gewidmet. Im Sommer wird die Vorführung aus dem gemütlichen, teils mit Sofas ausgestatteten Saal ins Freie unter die Kastanien des Schulhofs verlegt. Hinterher können die frischen Eindrücke dann an der Bar diskutiert werden.

Filmische Leckerbissen

Etwas ganz Besonderes ist das beliebte **Lunchkino** des **Arthouse Le Paris Kinos,** ■ **Karte 2, C 5,** am Stadelhoferplatz. Hier werden wöchentlich wechselnd ab 12.15 Uhr Leinwandperlen, preisgekrönte Studiofilme und Vorpremieren gezeigt. Gemütlich in den Sessel zurückgelehnt, kann man die Filme genießen – und das Sandwich, das man mitgebracht oder im Foyer erworben hat. Anlässlich von Spezialvorstellungen sind manchmal sogar Regisseur und/oder Schauspieler anwesend. Aber auch sonst bieten die acht Arthouse Kinos (fünf davon zwischen Stadelhofen und Central gelegen) anspruchsvolle und preisgekrönte Filme jenseits der standardisierten Multiplex-Kost. Für echte Cineasten unbedingt einen Besuch wert (www.arthouse.ch)!

Kulinarisches Lexikon

Getränke und Getränkemaße

Café crème	Kaffee mit Sahne
Café mélange	Milchkaffee
Chasselas	Gutedel
Cüpli	Glas Sekt bzw. Champagner
Fendant	Gutedel
Heida (Païen)	Sauvignon Blanc
Klevner	Blauburgunder- oder Spätburgunder
Malvoisie	Grauburgunder
Panaché	Radler
Petit Rhin	Riesling
Pinot blanc	Weißburgunder
Pinot gris	Grauburgunder
Pinot noir	Blauburgunder
Riesling x Silvaner	Müller-Thurgau
Sauser	neuer Wein, Federweißer
Schale	Tasse Kaffee
Suure Moscht	Apfelwein
Einer	0,1 l Wein
Halbe	0,5 l Bier / Wein
Stange	0,3 l Pils vom Fass
Zweier	0,2 l Wein

Speisen

Anken	Butter
Bärendreck	Lakritz
Baumnüsse	Walnüsse
Biberli	lebkuchenartiges Mandelgebäck
Bölle	Zwiebeln
Bouillon	klare Brühe
Brachsmen	Brasse
Brunsli	Weihnachtsgebäck mit Kakao
Bürli	knuspriges Brötchen
Caramelköpfli	Karamellpudding
Cervelat	Brüh-/Fleischwurst
Chabis	Kohl
Charcuterie	Wurstwaren
Chriesi	Kirsche
Cornet	Eiswaffel
Coupe	Eisbecher
Egli	Flussbarsch
Eierschwämmli	Pfifferlinge
Entrecôte	Rumpsteak
Federkohl	Grünkohl
Fideli	Fadennudeln als Suppeneinlage
Flädli	Frittaten als Suppeneinlage
Fleischvogel	Roulade
Fotzelschnitten	Armer Ritter
Gigot	Lamm- oder Schafskeule
Gipfeli	Hörnchen
Gitzi	Zicklein
Glace	Speiseeis
Gnagi	Eisbein
Gomfi	Marmelade
Grätimaa	Weckmann
Griessköpfli	Grießpudding
Gschwellti	Pellkartoffeln
Güggeli	Brathähnchen
Guetzli	Keks, Plätzchen
Hacktätschli	Buletten, Frikadellen
Härdöpfel	Kartoffeln
Härdöpfelstock	Kartoffelbrei
Hamme	Schinken
Hörnli	kurze, gebogene Teigwaren
Hüppen	Gebäckröllchen mit Schokoladencreme
Käsewähe	salziger, pikanter Käsekuchen
Kartoffelstock	Kartoffelbrei
Kefe	Zuckerschoten
Knöpfli	Spätzle
Lattich	Römischer Salat
Leckerli	lebkuchenartiges Gebäck
Marroni	Esskastanien
Meringue	Baiser
Metzgete	Schlachtplatte
Milke	Kalbsbries
Mistkratzerli	junges Hähnchen
Mostbröckli	luftgetrocknetes Rindfleisch
Nüsslisalat	Feldsalat
Öpfelchüechli	Apfelringe, in Teig ausgebacken
Omelette	Pfannkuchen
Parisette	Baguette

Peperoni	Gemüsepaprika	Schnipo	Schnitzel mit
Peperoncino	Peperoni		Pommes frites
Peterli	Petersilie	Schoggi	Schokolade
Plätzli	dünnes Stück	Schüfeli	geräucherte Schul-
	Fleisch; Schnitzel		ter vom Schwein
Poulet	Masthuhn	Semmel	Brötchen
Räbe	Weiße Rüben	St. Galler	Kalbsbratwurst
Rahm	Sahne	Thon	Thunfisch
Rande	Rote Beete	Tirggel	Honiggebäck
Rötel	Saibling	Vermicelles	Esskastanienpüree
Rotchabis	Rotkraut	Voressen	Ragout
Ruchbrot	dunkles Mischbrot	Weggli	Milchbrötchen
Rüebli	Karotten, Möhren	Weichsel	Sauerkirche
Salsiz	luftgetrocknete	Wienerli	Wiener oder Frank-
	Salami		furter Würstchen
Sbrinz	Hartkäse	Wirz	Wirsing
Schabziger	kräftiger Glarner	Zigerchrapfen	süße Quarktasche
	Kräuterkäse	Zopf	süßes Hefebrot
Schlagrahm	Schlagsahne	Zucchetti	Zucchini

Schweizer Spezialitäten

Älplermagronen Teigwaren und Kartoffelwürfel mit Zwiebeln, Käse und Rahm

Alt Züri-Topf Eintopf aus Schweineragout, Speck, Kohl, Kartoffeln, Karotten und Zwiebeln

Belper Knolle knollenförmiger Hartkäse aus Kuhmilch, umhüllt mit schwarzem Pfefferstaub, Knoblauch und Salz

Bernerplatte verschiedene Fleisch- und Wurstsorten mit Bohnen oder Sauerkraut und Kartoffeln

Bündnerfleisch luftgetrocknetes Rindfleisch

Capuns in Mangold gewickelte Teigpäckchen mit Kräutern, Salsiz und/oder Bündnerfleisch

Chatzegschrei Hörnli mit Paprika und Hackfleisch

Maluns Kartoffelgericht mit Käse und Apfelmus

Pizzoccheri Eintopf aus Buchweizennudeln mit Wirsing, Mangold oder anderem Saisongemüse, Kartoffeln und Käse

Ratsherrentopf Eintopf aus Rinder-, Kalb- und Schweinefleisch, Innereien, Speck, Karotten, Erbsen, Champignons, Pastinaken, Kräutern und Bratkartoffeln

Rösti in der Pfanne gebratener Fladen aus geraspelten Kartoffeln

Saucisson geräucherte Wurst aus Schweinefleisch, Speck, Weißwein, Gewürzen

Schübling geräucherte Knackwurstspezialität aus St. Gallen

Spanisch Brötli kreuzförmig eingeschnittenes Blätterteiggebäck

Spanisch-Suppe deftiger Eintopf aus u. a. Kalb-, Rindfleisch, Kohl, Karotten und Cipollatawürstchen

Vogelheu in Ei gewendete, geröstete Brotscheibe

Wähe dünner Blechkuchen mit pikantem oder süßem Belag

Zürcher Geschnetzeltes Kalbfleischstücke in Rahmsoße mit Pilzen und Rösti

Register

Register

Autoren | Abbildungsnachweis | Impressum

**Unterwegs mit
Sabine Scholz und
Johannes Eue**

Sabine Scholz ist Kunsthistorikerin und arbeitete zehn Jahre als Redakteurin in einem internationalen Kunstbuch- und Lifestyleverlag. Seit 2008 lebt sie in Zürich, heute ist sie als freie Lektorin tätig. Johannes Eue ist promovierter Historiker und lebt in Köln und Stuttgart. Er bereist die Schweiz seit Jahren regelmäßig und hat schon mehrere Reiseführer über sie verfasst.

Abbildungsnachweis

Johannes Eue, Köln: S. 35, 49, 58, 66, 70, 74, 120 re.
iStock, Calgary (Kanada): S. 82 (aprott)
laif, Köln: S. 10 (Heeb); 92, 96 (hemis.fr/Maisant); 75 (Hoffmann); 78 (Keystone Schweiz); 86/87, 106, 112 (Keystone Schweiz/Bally); 45 (Keystone Schweiz/Hession); 4/5 (Keystone Schweiz/Ruetschi); 55 (Klerok); Titelbild, Umschlagklappe vorn, 9, 53, 100, 104, Umschlagrückseite (Knoll); 28, 32 (Zenit/Boening)
Mauritius Images, Mittenwald: S. 88, 91 (age); 26/27 (imagebroker/Wackenhut); 84 (imagebroker/Sbampato); 51, 68 (Prisma)
Sabine Scholz, Zollikerberg (Schweiz): S. 15, 39, 42, 62, 120 li.

Kartografie

DuMont Reisekartografie, Fürstenfeldbruck
© DuMont Reiseverlag, Ostfildern

Umschlagfotos

Titelbild: Die vielen *Badis,* von denen sich einige wie das Frauenbad am Abend in beliebte Bars verwandeln, tragen zum Flair der Stadt bei.
Umschlagklappe vorn: Die Schweiz ist berühmt für ihre Uhren – auch für ihre Turmuhren, wie die des Fraumünsters oder die von St. Peter mit den größten Zifferblättern Europas (im Vordergrund).

Hinweis: Autoren und Verlag haben alle Informationen mit größtmöglicher Sorgfalt geprüft. Gleichwohl sind Fehler nicht vollständig auszuschließen. Alle Angaben erfolgen ohne Gewähr. Bitte schreiben Sie uns! Über Ihre Rückmeldung zum Buch und Verbesserungsvorschläge freuen sich Autoren und Verlag:
DuMont Reiseverlag, Postfach 3151, 73751 Ostfildern,
info@dumontreise.de, www.dumontreise.de

1. Auflage 2012
© DuMont Reiseverlag, Ostfildern
Alle Rechte vorbehalten
Redaktion/Lektorat: Marianne Bongartz
Grafisches Konzept: Groschwitz/Blachnierek, Hamburg
Printed in Germany